특종! 달려라 한국사 ②

삼국의 전성시대부터
남북국 시대까지

특종! 달려라 한국사

이광희 글 | 이상규 조재석 김소희 그림

특종! 달려라 한국사를 즐겁게 여행하는 법

다양하게 꾸며진 《특종! 달려라 한국사》를 쉽고 재미있게 이해할 수 있는 방법은 없을까요? 있습니다. 이 책에 들어 있는 코너의 성격을 이해하면 한 권의 내용이 한눈에 쏙 들어온답니다.

역사 갤러리

'역사 갤러리'는 세계 명화처럼 꾸며진 역사 연표입니다. 따라서 역사 갤러리를 감상하다 보면 사건이 언제 어디서 일어났는지, 사건의 본질이 무엇이고, 핵심 인물이 누구인지 한눈에 파악할 수 있습니다. 한국사의 흐름을 단숨에 파악하고 싶다면 역사 갤러리!

핫이슈 · 특집 · 한국사 X파일

'핫이슈' '특집' '한국사 X파일'은 《특종! 달려라 한국사》의 핵심 코너 3총사입니다. 각 코너마다 하나의 주제를 취재 기사, 인터뷰, 대담, 일기 등 다양한 형식으로 다루기 때문에, 이 세 코너만 보더라도 한국사의 중요한 사건을 자연스레 파악할 수 있습니다.

사람과 사람

'사람과 사람'에서는 시대를 이끌었던 역사 인물을 세 코너에 담았습니다. 역사의 중심 인물을 만나 보는 '스타 인터뷰', 화제의 인물을 집중 조명 해 보는 '이 기자의 인물 탐구', 두 사람의 찰떡 궁합을 자랑하는 '환상의 짝꿍'이 그것입니다.

만화로 보는 한국사 명장면

'만화로 보는 한국사 명장면'은 우리 역사의 결정적인 순간을 만화로 보여 주는 코너입니다. 1권에서는 고조선 최후의 항전 이야기를 다루고, 2권에서는 고구려와 수·당 전쟁, 3권에서는 정중부의 무신의 난 등 역사적인 대사건이 숨 가쁘게 펼쳐집니다.

이야기 한국사 극장

'이야기 한국사 극장'은 호동 왕자와 낙랑 공주, 바보 온달과 평강 공주, 어린 단종과 사도세자의 죽음 등 우리 역사에서 드라마보다 더 드라마틱한 실제 사건을 재미있는 이야기 형식으로 꾸몄습니다. 따라서 결코 놓쳐서는 안 될 본방 사수 코너입니다.

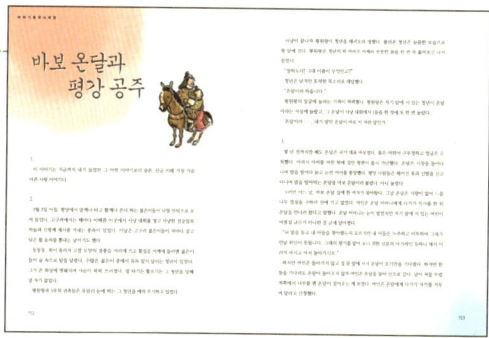

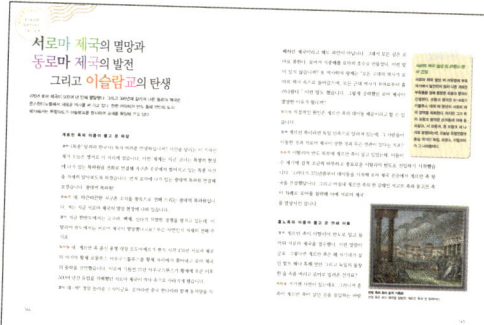

세계는 지금

'세계는 지금'은 나라 밖에서 일어난 사건을 특파원이 직접 뛰어다니며 소개하는 특파원 리포트입니다. 우리 역사만 잘 알아서는 우물 안 개구리겠지요? 따라서 지구촌 곳곳에서 벌어지는 소식을 통해 우리 역사의 현주소를 더욱 깊이 있게 파악할 수 있을 것입니다.

문화와 생활

'문화와 생활'은 한국사 속에서 피어난 우리의 문화를 만나 보는 코너입니다. 이를테면 선사 시대의 음악과 그림, 삼국 시대의 음식과 주택, 조선 시대의 패션과 인테리어에 이르기까지 다양한 문화와 생활 이야기가 펼쳐집니다. 문화와 생활까지 만나 보면 한국사의 마지막 퍼즐 완성!

차례

008 책머리에

010 역사 갤러리

012 주요 인물 소개

한국사 X 파일
삼국 시대 전성기의 비밀

016 삼국 시대 정치 기상도

018 근초고왕과 함께, 달려라 백제

024 광개토대왕 영토 개척 20년

028 장수왕, 남진 정책의 닻을 올리다

032 성왕, 백제 중흥의 깃발을 들다

036 진흥왕, 신라 전성기를 이끌다

042 가야, 역사의 뒤안길로

046 만화로 보는 한국사 명장면
고구려와 수·당 전쟁

특집
삼국 통일을 향한 무한 질주

058 삼국 통일 전쟁의 서막, 나당 동맹

066 삼국 통일 전쟁 1라운드, 황산벌 대혈투

072 삼국 통일 전쟁의 분수령, 평양성 전투

078 삼국 통일의 완결, 나당 전쟁

084 늙은 병사의 일기

088 삼국 통일은 대박인가?

093 삼국 통일 행사 광고

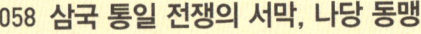

핫이슈
삼국 시대 사람들은 어떻게 살았을까

096 달라도 너무 다른 귀족, 평민, 노비의 삶

102 불교가 몰고 온 변화의 바람

106 백제 장인 아비지의 황룡사 9층 목탑 건축기

112 군대 간 가실을 기다리는 설씨의 사랑 이야기

118 통일신라 시대 타임캡슐 '신라촌락문서'

122 15세 소녀 소희의 즐거운 서라벌 나들이

127 소희의 여행 정보

128 이 기자의 역사 유람
해동성국 발해를 찾아서

사람과 사람

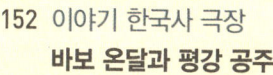

136 환상의 짝꿍
신라 전성기를 이끈 이사부와 거칠부

140 스타 인터뷰
신라 최초 여왕, 선덕여왕

144 역사의 라이벌
신라 불교의 양대 산맥, 원효와 의상

148 이 기자의 인물 탐구
비운의 신라 천재, 최치원

152 이야기 한국사 극장
바보 온달과 평강 공주

158 풍경과 사람
해상 무역 기지 청해진에서

특파원 리포트
세계는 지금

164 서로마 제국의 멸망과
    동로마 제국의 발전
    그리고 이슬람교의 탄생

문화와 생활

172 문학의 세계

174 음악 & 공연

176 삼국의 미술 세계

178 조각 & 건축

180 최신 유행 패션

182 새로운 음식 문화

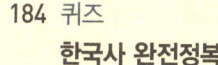

184 퀴즈
한국사 완전정복

186 편집 후기

187 사진과 그림 제공 및 출처

책머리에

삼국 경쟁 최후의 승자는 누굴까?

반가워요. 삼국 시대 한복판에서 다시 만나게 되었군요. 저는 삼국 시대를 접할 때마다 한 가지 궁금한 게 있었어요. 고구려, 백제, 신라는 허구한 날 싸우면서도 어떻게 700여 년 동안이나 삼국 체제를 유지했을까, 하는 점이에요.

여러 가지 이유가 있겠지만, 제 나름대로는 이렇게 생각해요. 3이라는 숫자가 부리는 오묘한 마력 때문이 아닐까, 하고요. 숫자 3은 견제, 균형, 완벽을 의미하는 숫자래요. 예로부터 동서양뿐만 아니라 우리 민족에게도 친숙한 숫자지요. 고구려, 백제, 신라 삼국은 이러한 견제와 균형 덕분에 때론 경쟁하고 또 때론 도와주면서 그 오랜 시간 동안을 공존하지 않았을까요?

《특종! 달려라 한국사》2권에서는 바로 그 삼국 시대 이야기를 해 보려고 해요. 고구려, 백제, 신라의 삼국 시대부터 통일신라와 발해가 공존하던 남북국 시대까지의 이야기예요. 4세기부터 6세기까지 삼국은 돌아가며 전성기를 누렸어요. 가장 먼저 백제 근초고왕이 한반도 최강자로 우뚝 섰고, 다음엔 광개토대왕과 장수왕 대의 고구려가 전성기를 맞았어요. 마지막엔 신라 진흥왕이 한강 유역을 차지하며 전성기를 누렸지요. 그 이야기를 '한국사 X 파일'에서 집중 조명 해 봤어요.

'특집—삼국 통일을 향한 무한도전'에서는 삼국 중 가장 후진국이었던 신라가

어떻게 삼국 통일 최후의 주인공이 됐고, 신라의 삼국 통일이 남북으로 분단된 오늘날 우리에게 어떤 교훈을 주는지 살펴봤어요. 그리고 '핫이슈'에서는 삼국 시대 한복판에서 사랑하고 애 낳고 농사짓고 전쟁터에 나가 싸우며 치열하게 살았던 삼국 시대 사람들의 생생한 생활 풍속을 담아 봤어요.

  선덕여왕이 우리 역사 최초로 여왕이 될 수 있었던 진짜 이유가 궁금하지 않나요? 신라 천재 최치원이 세상을 등지고 산으로 들어간 까닭은요? 당나라로 함께 유학을 떠난 원효와 의상은 왜 다른 길을 가게 되었을까요? 이처럼 삼국 시대를 주름 잡았던 사람들은 '사람과 사람'에서 다 만나 봤어요. 동아시아 최강국이었던 수나라와 당나라의 연이은 침공을 막아 내 세계사에 그 이름을 알렸던 고구려. 그 고구려가 수나라와 당나라 사이에 벌였던 전쟁 이야기는 흥미진진한 만화로 풀었어요.

  이 밖에도 2권에서는 놓치기 아까운 사건과 인물이 무척 많이 등장해요. 그 때문에 특종 낚는 이 기자가 해 뜨는 동해에서 해지는 서해까지, 뜨거운 남도에서 광활한 만주 벌판까지 발바닥에 땀나도록 뛰어다녔다고 해요. 여러분도 달리는 이 기자와 함께 삼국 시대를 마음껏 달려 보아요~.

2014년 여름 이광희

역사 갤러리

그림을 감상하면서 한국사의 흐름을 깨치는 일석이조 역사 연표. 삼국 시대부터 남북국 시대까지, 한국사의 한 획을 그은 사건들을 역사 갤러리에서 만나 보자.

평양 천도와 남진 정책, 427년
고구려 장수왕이 압록강 변 국내성에서 대동강 유역 평양으로 수도를 옮기는 장면을 사실적으로 묘사한 작품. 평양 천도 이후 한반도는 비로소 피 터지는 삼국 전쟁의 시대가 열린다.

살수대첩을 이끈 을지문덕, 612년
지략과 용맹을 겸비한 을지문덕이 고구려를 침략한 113만 수나라 군대를 살수에서 몰살시키는 장면을 역동적으로 그려낸 작품. 강감찬의 귀주대첩, 이순신의 한산대첩과 함께 전쟁 기록화 3대 걸작.

세기의 만남 나당 동맹, 648년
백제에 시달리는 신라가 고구려에 얻어터진 당나라와 손을 잡은 배경을 파헤친 작품. 백제와 고구려 멸망 이후 대동강을 경계로 땅을 나눠 먹자는 음모가 화면 뒤에 숨어 있다.

삼국 통일 대박도, 660~676년
신라와 당나라 연합군이 백제와 고구려를 무너뜨리고(660년과 668년), 신라가 당나라 군대를 한반도에서 몰아내는 과정을 스펙터클하게 묘사한 작품. 일명 〈미완의 통일〉.

발해를 세우다, 698년
당나라에 끌려갔던 고구려 유민 대조영이 동모산 기슭에서 발해를 세우는 이야기를 감동적으로 그려낸 작품. 삼국 시대를 지나 남북국 시대의 서막을 연 걸작으로 평가받는다.

해상 무역왕 장보고, 828년
당나라에서 귀국한 뒤 완도에 청해진을 설치하고 해적 소탕과 해상 무역 활동을 펼치며 동아시아 바다를 장악했던 장보고의 활약을 담은 작품. 화면 가득 역동적인 기운이 넘쳐난다.

주요 인물 소개

삼국 시대와 남북국 시대까지, 한국사를 주름 잡은 역사 인물은 누구일까. 한반도의 통일을 향해 힘차게 달려가는 삼국의 주역들을 만나 보자.

백제 정복 군주 근초고왕→

백제의 이름을 사방팔방에 떨친 정복 군주. 마한을 병합하고, 고구려 고국원왕을 전사시키고, 중국의 산동 반도와 요서, 일본 규수 지방까지 진출해 해상 강국 백제의 면모를 과시한다. 이런 자신감으로 일본에 칠지도를 하사한다.

╱넓고 넓은 광개토대왕

국강상광개토경평안호태왕. 영토를 넓히고 나라를 평안케 했다는 뜻의 긴 이름을 가진 고구려 왕. 만주와 요동을 정벌하고, 할아버지 고국원왕을 전사시킨 백제를 굴복시키고, 신라에 쳐들어온 왜구를 격퇴해 우리 역사 최고의 정복 군주에 등극한다.

신라 전성기를 이끈 진흥왕╱

개혁 정치를 펼쳤던 지증왕과 법흥왕의 뒤를 이어 신라를 전성기로 이끈 정복 군주. 화랑도 조직을 확대 개편하고, 백제와 연합해 고구려로부터 한강 유역을 빼앗은 뒤, 다시 백제를 배신해 한강 유역을 독차지하여 삼국 통일의 초석을 마련한다.

결사항전 계백→

햇볕 뜨거운 여름날 흙먼지 날리는 황산벌에서 신라군 5만 명에 맞서 싸운 백제 장수. 패배에 대비해 가족을 죽이면서까지 결사항전의 각오로 나선 그였지만, 열 배나 넘는 신라군한테 중과부적으로 장렬한 최후를 맞이한다.

외교의 달인 김춘추↓
정치가로서 탁월한 외교 감각으로 삼국 통일의 발판을 마련한 뒤 즉위한 신라 제29대 왕. 백제 공격 때문에 다 죽게 생긴 신라를 구하고자 고구려에 구원을 요청했다가 연개소문에 거절당하자 당나라로 가서 나당 동맹을 체결, 삼국 통일의 첫 단추를 꿴다.

임전무퇴 관창↗
천하의 김유신이 계백의 결사항전에 좀처럼 돌파구를 찾지 못하자 홀로 긴 창을 비껴 메고 표표히 백제군 진영으로 돌격, 장렬히 전사한 화랑. 그에 자극 받은 신라군은 분기탱천하여 끝내 백제군을 무너뜨린다.

←삼국 통일의 일등 공신 김유신
백제, 고구려와 맞붙은 거의 모든 전투에서 패한 적이 없는 백전노장. 황산벌에서 계백 군대를 무너뜨려 백제를 멸망시켰으며, 고구려 평양성 함락에도 기여한다. '외교 춘추, 군사 유신' 콤비 플레이로 삼국 통일 전쟁을 승리로 장식한다.

당나라 킬러 연개소문↑
당나라 침입을 물리친 고구려 최고 실권자. 쿠데타를 일으켜 자신을 제거하려는 왕과 온건파를 제거한 뒤 여러 차례 당 태종의 공격을 막아내 고구려를 지켜 간다. 하지만 그의 죽음과 함께 700년 역사의 고구려도 문을 닫는다.

- 삼국 시대 정치 기상도
- 근초고왕과 함께, 달려라 백제!
- 광개토대왕 영토 개척 20년
- 장수왕, 남진 정책의 닻을 올리다
- 성왕, 백제 중흥의 깃발을 들다
- 진흥왕, 신라 전성기를 이끌다
- 가야, 역사의 뒤안길로

삼국 시대 전성기의 비밀

지금은 삼국 시대. 주몽이 알 깨고 나와 고구려를 세운 게 엊그제 같은데 벌써 300여 년이 흘렀다. 그사이 고구려, 백제, 신라 삼국은 열심히 나라 꼴을 갖춰 왔다. 아 참, 가야도 있었지. 개혁을 이뤄 낸 삼국은 차례로 전성기를 맞았다. 처음엔 백제 근초고왕, 그다음엔 고구려 광개토대왕과 장수왕, 마지막으로 신라 진흥왕이 한반도의 주도권을 잡았다. 전성기를 맞이한 삼국의 활약을 '한국사 X 파일'에서 만나 보자.

날씨와 생활

삼국 시대 정치 기상도

　4~6세기 각 나라별 정치 날씨를 말씀드리겠습니다. 4세기 백제는 무척 맑겠습니다. 윗마을 고구려는 고국원왕이 전사하는 등 마른하늘에 날벼락이 치겠습니다. 신라는 쭉 흐리겠습니다. 5세기 고구려는 광개토대왕 등장으로 화창한 날씨가 100년 동안 이어지겠습니다. 백제는 고구려에서 남하한 매서운 복수혈전 폭풍으로 주구장창 비가 내리겠습니다. 신라는 일본에서 불어오는 태풍 '왜구'의 영향권에 들어 괴롭겠습니다.

　6세기는 신라에 해가 뜨겠습니다. 고구려는 신라의 공격을 받아 흐리겠고, 백제는 백제 중흥 열기로 반짝 해가 뜨다가 신라 진흥왕이 먹구름을 몰고 와 쏟아붓는 바람에 죽 쑤는 날씨가 이어지겠습니다. 다음은 삼국의 운명을 결정지을 한강 유역 날씨입니다.

　한강 유역은 4~6세기 내내 '화살 비'가 주룩주룩 내리겠습니다. 4세기 내내 한강 유역은 백제 땅으로 쭉 남아 있겠습니다. 그러다가 4세기 후반 들어 고구려 영토에 편입되겠습니다. 광개토대왕이 밀고 내려와 한강 이북을 점령하겠고, 장수왕은 한강 이남까지 장악할 것으로 전망됩니다. 6세기에는 신라와 백제 연합군이 고구려를 몰아내고 공동으로 한강 유역을 차지하겠습니다. 그러다가 신라 진흥왕이 백제 성왕을 배신하고 한강 유역을 차지해 신라 단독 소유가 되겠습니다.

　한강을 차지한 자가 한반도 주인이 된다는 삼국 시대 격언이 있죠? 가장 늦게 한강의 주인이 된 신라가 앞으로 어떤 발전을 이뤄 낼지 궁금합니다. 지금까지 한강 전망대에서 예쁜이 기상 캐스터 묵은지였습니다. Ⓗ

시선 집중

근초고왕과 함께, 달려라 백제

근초고왕의 활약이 눈부시다. 마한은 이미 접수했고 고구려도 제압했다.
서해 건너 중국과 일본까지 진출했다. 근초고왕이 이끄는 백제 전성기의 모습을
시선 집중에서 만나 본다.

뉴스 ① 마한 정복, 전라남도까지 세력 뻗쳐

이 기자 따끈따끈한 소식을 싱싱하게 전해 드리는 시선 집중 시간입니다. 오늘도 예리한 리포터와 함께 최근의 삼국 소식을 짚어 보겠습니다. 오늘은 백제 관련 뉴스를 특집으로 꾸며 볼까 하는데요. 먼저 근초고왕이 남쪽으로 영토를 확장했다는 뉴스가 올라와 있네요.

리포터 네, 마한 지역의 작은 소국으로 출발했던 백제가 369년 마한 땅 전체를 접수했습니다. 건국 이후 백제는 경기도, 충청도, 전라도 방향으로 야금야금 정복 사업을 펼쳐 왔는데요. 나라를 세운 지 300여 년 만에 마한을 완전 통합했습니다. 백제는 현재 마한 지역뿐만 아니라 낙동강 서쪽 가야국에도 영향력을 뻗치고 있다고 합니다.

이 기자 대단하군요. 백제의 마한 완전 정복, 어떤 의미가 있습니까?

리포터 서해안뿐만 아니라 남해안까지 국경선을 넓혔다는 의의가 있습니다. 백제는 앞으로 그 지역의 비옥한 토지를 확보하여 국력을 키울 수 있게 되었고, 서해를 통해 바다 건너 중국, 왜(일본)와 활발히 교류할 수 있게 되었습니다. 고구려가 슬럼프에 빠져 있고, 신라가 아직 고대 국가의 틀을 확립하지 못한 탓에 백제의 독주는 당분간 계속될 것으로 예상됩니다.

> 뉴스 ② **황색 깃발 휘날리며 대규모 사열식**

이 기자 마한 정복 소식 잘 들었습니다. 근초고왕이 한성에서 대규모 사열식을 펼쳤다는 소식이 있군요. 어떤 내용입니까?

리포터 369년 11월 근초고왕은 한성 한복판에서 대규모 군대 사열식을 거행했습니다. 제가 직접 취재를 다녀왔는데요. 근초고왕에 충성을 맹세하는 백제 군사들이 황제를 상징하는 황색 깃발을 휘날리며 보무도 당당히 사열하는 모습이 무척 인상적이었습니다.

이 기자 사열식이 뭐고, 왜 하는 겁니까?

리포터 사열이란 군사들이 갑옷을 갖춰 입고 최고 지도자 앞에서 행진하는 것을 말합니다. 대내외에 국력을 과시하기 위한 군사 행진이라고 할 수 있죠. 21세기 독자들은 북한 군인들이 탱크, 전차, 미사일을 앞세우고 발을 쫙쫙 올려붙이며 행진하는 모습을 텔레비전으로 보게 될 텐데요. 그게 바로 군 사열식입니다.

이 기자 근초고왕이 대대적인 사열식을 벌인 이유가 있습니까?

리포터 지난가을 남쪽으로 마한 지역을 완전히 정복하고, 북쪽에서 쳐들어온 고구려 군을 치양(황해도 배천)에서 격퇴시킨 자신감을 대내외에 과시하려는 의도로 보입니다.

뉴스 ③ 평양성 공격, 고구려 고국원왕 전사시켜

이 기자 자신감이 아주 하늘을 찌르는군요. 이번엔 더 큰 뉴스가 올라왔군요. 근초고왕이 직접 군대를 이끌고 평양성을 공격했다고요?

리포터 그렇습니다. 2년 전 백제로 쳐들어왔다 5천 명의 군사를 잃고 체면을 구긴 고구려가 371년 다시 쳐들어왔는데요. 근초고왕이 태자를 보내 다시 한 번 고구려 군을 격퇴시켰습니다. 그뿐이 아닙니다. 근초고왕은 직접 3만 명의 백제군을 이끌고 평양성을 공격했는데요. 이 싸움에서 고구려 고국원왕을 화살로 전사시키는 전과를 올렸습니다. 백제는 이번 평양성 전투에서 승리함으로써 명실공히 한반도를 대표하는 나라가 되었습니다.

이 기자 고국원왕 참 원통하게 돌아가셨군요. 그런데 고구려와 백제가 최근 들어 이렇게 자주 부딪친 이유가 뭔가요?

리포터 고구려와 백제 사이의 완충 지대가 사라진 게 가장 큰 원인입니다. 314년 고구려가 예전에 중국 한나라가 설치했던 대방군을 황해도 땅에서 몰아냈는데요. 그렇게 되자 고구려와 백제가 국경을 서로 마주 보게 된 것이지요. 또 다른 의견으로는 북방 진출이 막힌 고구려가 남쪽으로 세력을 확대하는 과정에서 일어난 충돌이라고도 합니다.

뉴스 ④ 바닷길 통해 요서, 규슈까지 진출

이 기자 운명적인 만남이군요. 자, 이번엔 해외 소식 짚어 볼까요? 백제가 중국, 일본 할 것 없이 거침없이 진출하고 있다는데, 어떤 얘깁니까?

리포터 백제가 바닷길을 통해 중국의 산동 반도와 요서 지역, 왜의 규슈까지 진출했습니다. 백제가 이처럼 활발하게 해외로 진출할 수 있었던 건 중국 대륙의 혼란과 관련이 있습니다. 4세기 현재 중국은 이른바 한나라가 멸망하고 위, 촉, 오 삼국 시대를 거쳐 5호 16국 시대의 분열기입니다. 이 틈을 노려 고구려가 낙랑군을 몰아냈고, 백제는 산동 반도와 요서 지역까지 진출할 수 있었던 것입니다.

이 기자 근초고왕의 활약이 정말 눈이 부실 지경이군요. 그런데 백제가 '진출'했다는데, 진출의 의미가 뭔가요?

리포터 그 지역을 군사적으로 정복해서 다스렸다는 의견과 그곳 지역에 교두보를 마련하고 교역 활동을 했다는 견해가 충돌하고 있어서 조심스럽게 표현한 건데요. 확실한 건 중국 쪽 역사서에 "백제가 요서 지역을 지배하고 교역을 했다."라고 기록돼 있다는 사실입니다.

뉴스 ⑤ 왜에 칠지도 하사

이 기자 해외 소식 하나만 더 듣고 마칠까요? 근초고왕이 왜에 뭔가를 줬다는데, 그게 뭐죠?

리포터 그렇습니다. 백제와 왜는 혈맹에 가까울 정도로 관계가 돈독합니다. 그래서 백제가 직접 만든 물건을 왜에 전달했다고 합니다.

이 기자 예리한 리포터, 그러니까 제 질문의 요지는 근초고왕이 뭘 줬냐는…….

리포터 아, 네. 369년 근초고왕이 왜에 칠지도를 전달했습니다. 마한 정복 때 군사를 보내 도와준 것에 대한 고마움의 표시이기도 하고요, 혈맹 관계인 두 나라가 앞으로도 잘 지내자는 의미에서라고 합니다.

이 기자 아무리 혈맹이라지만 지도를 주는 건 한반도 안보상 적절치 않아 보이는데요.

리포터 아유, 지도가 아니라 칼이에요. 강철을 일백 번 담금질해서 만든, 가지가 일곱 개 달린 칼입니다. 길이 74.9센티미터인 칠지도에는 금으로 61자를 새겨 넣었는데요, "백제 왕세자가 왕의 명을 받아 왜 왕을 위해 만들었으니 후세까지 잘 전하라." 이런 내용이 적혀 있습니다.

이 기자 칼이었군요. 예리한 리포터가 이번에도 예리하게 지적질을 잘해 주셨는데요, 제가 칠지도 모르니까 여기서 이만 마치죠. Ⓗ

칠지도

백제 전성기 이끈 근초고왕

"백제를 강성 대국으로 만드는 게 꿈"

- 앞서 시선 집중 내용 잘 들으셨을 텐데요, 오늘의 주인공 연결해서 몇 말씀 나눠 보겠습니다. 근초고왕님, 안녕하십니까?
"안녕하시오? 근초고왕이오."

- 동서남북으로 뻗어 나가는 백제의 기운이 팍팍 느껴집니다. 오늘날 백제가 최고의 전성기를 맞이하고 있고, 삼국 중 따라올 나라가 없는데요, 그 비결이 뭔가요?
"개혁이 밑바탕이 된 덕분이지요. 앞서 고이왕께서 관리들의 서열인 관등을 정비하고, 법과 행정 체계를 잡는 등 개혁을 통해 고대 국가의 틀을 잡아 놓으신 것이 오늘날 전성기를 누릴 수 있는 토대가 된 것 같습니다."

- 얼마 전 도성 한가운데서 군대 사열식을 하셨지요? 감회가 어떠셨는지.
"마한을 정복하고 고구려를 제압한 우리 백제군의 위용이 그대로 느껴지더군요. 황색 깃발이 하늘을 뒤덮으며 펄럭이니까 내 심장이 벌렁벌렁하더이다."

- 최근에 왜에 칠지도를 하사했다는데, 왜에서는 자기들한테 바친 거다, 이러는데요.
"현재 백제의 위상으로 보나 뭐로 보나 바쳤다고 하는 건 어불성설이오."

- 마한 정복, 고구려 제압, 해외 진출 등 정복 3관왕을 차지하셨는데요, 앞으로 꿈이 있다면.
"이 기자처럼 계속 달려야죠. 계속 달려서 백제가 삼한을 통일하고 중국과 일본 쪽으로도 쭉쭉 진출해서 백제를 초일류 강성 대국으로 만드는 게 내 꿈이라오."

- 그 꿈 부디 꼭 이루시길 바라며 근초고왕님과는 여기서 인사드려야 할 것 같습니다. 고맙습니다.

이 기 자 의 취 재 수 첩

광개토대왕 영토 개척 20년

백제 전성기가 가고 고구려 광개토대왕의 시대가 왔다. 광개토대왕은 한강 건너 백제와 신라로, 압록강 너머 만주와 요동 벌판으로 영토를 쫙쫙 넓혔다. 오랫동안 광개토대왕을 취재해 온 이 기자가 취재 수첩에 꼬불쳐 둔 X파일을 공개한다.

X파일·1 396년 백제에서 있던 일

391년. 18세 담덕이 왕이 되었다. 왕이 된 담덕은 '영락'이라는 연호를 사용했다. 독자적인 연호를 쓴다는 건 중국 눈치 안 보고 우리 길을 가겠다는 독자 선언이다. 그런 영락대왕이 가장 먼저 한 일은 할아버지 고국원왕을 전사시킨 백제에 복수하는 것이었다.

영락대왕은 백제를 여러 차례 공격해 백제의 여러 성과 마을을 차지했다. 하지만 백제의 반격도 만만치 않았다. 틈만 나면 북쪽으로 밀고 올라와 고구려 변방을 집적거렸다. 화가 난 영락대왕은 396년 직접 군대를 이끌고 백제 정벌에 나섰다. 고구려 군대가 한성 가까이에 이르자 백제 아신왕은 덜컥 겁이 났다. 그래서 할 수 없이 영락대왕 앞에 나가 무릎을 꿇고 "영락대왕의 영원한 노예가 되겠나이다."라며 항복했다.

영락대왕은 승자의 미덕을 발휘해 항복을 받아들였다. 그 대신 백제에 속한 58개의 성과 700여 마을을 빼앗고, 아신왕의 동생과 대신들을 인질로 데리고 돌아왔다. 그날 이후 한강 이북 땅은 고구려 영토가 되었다.

소수림왕의 개혁 토대 위에서
고국원왕이 백제의 공격을 받아 전사한 이후 소수림왕은 복수보다는 때를 기다리며 힘을 기르는 데 집중했다. 불교를 수용해 백성들 마음을 하나로 모으고, 태학을 세워 젊은이를 교육하고, 국가 법령인 율령을 반포하여 체제를 정비했다. 광개토대왕은 이러한 개혁의 바탕 위에서 영토 개척에 나설 수 있었다.

X파일·2

400년 서라벌에서 있던 일

신라 내물왕이 400년 영락대왕에게 급하게 도움을 요청했다. 왜구가 쳐들어와 다 죽게 생겼으니 빨리 도와달라는 것이었다. 영락대왕은 평소 신라가 고구려에 충성을 다하는 것을 갸륵하게 여겨 신라 요청을 들어 주었다.

영락대왕은 북쪽 연나라를 주시하느라 직접 나서지 않고, 기병과 보병 5만 명을 신라에 파병했다. 철갑옷으로 무장하고, 심지어 말에게도 갑옷을 입혀 탱크처럼 밀고 들어오는 고구려 군대를 본 왜구들은 기겁하고 도망쳤다. 고구려군은 달아나는 왜구를 쫓아 김해 금관가야까지 추격했다. 가야 땅 깊숙이 추격한 고구려군은 왜구를 소탕하고 그들의 근거지를 박살냈다.

이번 파병으로 고구려는 신라에 대한 지배권을 강화했고(세상에 공짜는 없다!), 금관가야마저 영향권 아래 두게 되었다. 이쯤 되면 백제, 신라, 가야는 어느 정도 평정한 것으로 봐도 무방할 것 같다.

광개토대왕공적기념호우

고구려 그릇이 신라 무덤에서 나온 까닭은?

1946년 경주 호우총에서 청동 그릇 하나가 발견되었다. 그릇 바닥에는 열여섯 글자가 새겨져 있었다. '을묘년국강상광개토지호태왕호우십(乙卯年國岡上廣開土地好太王壺杅十)'. 415년(장수왕 3년) 광개토대왕을 기념해 만든 그릇이란 뜻이다. 고구려 그릇이 신라 왕족 무덤에 묻힌 까닭은 무엇일까? 광개토대왕과 장수왕 때 고구려는 신라 정치에 간섭할 만큼 신라에 영향력을 행사했는데, 정식 명칭이 광개토대왕공적기념호우(廣開土大王功績紀念壺杅)인 이 호우명 그릇은 고구려의 힘이 신라에 미쳤다는 것을 보여 주는 단적인 증거다.

X파일·3 요동, 만주, 연해주에서 있던 일

평양에서 북쪽을 바라보면 대략 시계 10시 방향에 후연이, 11시에 거란이, 1시에 동부여가, 2시에 숙신이 자리 잡고 있다. 영락대왕은 대륙 정복 전문 군주답게 이 지역을 차례로 밟아주었다.

먼저 거란. 영락대왕이 백제랑 싸우느라 정신없을 때 거란이 고구려 서북쪽 변경을 침략했다. 그러자 영락대왕은 직접 군사를 이끌고 거란 땅 깊숙이 쳐들어가 남녀 500여 명을 사로잡고, 잡혀 갔던 1만여 명의 고구려 사람들을 데리고 돌아왔다. 이후 거란은 영락대왕 시절 고구려를 넘보지 못했다.

다음은 숙신. 이들은 말갈족이라고도 불리는, 동 만주와 러시아 접경 지역에 살며 어떤 때는 고구려와 잘 지내다가도 어떤 때는 침략해 오곤 했다. 영락대왕은 398년 숙신 정벌에 나섰고, 이후 숙신은 조공을 바치며 착한 숙신이 되었다.

그다음은 후연. 고구려는 후연의 전신인 전연과 악연이 있는데, 고국원왕 때 전연이 침입해 미천왕의 시신을 강탈해 간 적이 있었다. 영락대왕은 407년 요하를 건너가 후연을 정벌하고 돌아왔다.

마지막으로 영락대왕은 410년 친히 군사를 이끌고 동부여 정벌에 나섰다. 이후 동부여는 쭉정이 신세로만 남게 되었다.

넓고 넓은 고구려

광개토대왕은 살아생전에 64군데의 성과 1,400여 마을을 점령했다. 그 결과 고구려 영토는 북쪽으로 흑룡강, 남쪽으로 한강, 동쪽으로 연해주, 서쪽으로 요하에 이르는 광대한 제국이 되었다. 광개토대왕 시절 고구려는 옛 고조선 땅을 되찾았으며, 역사상 가장 넓은 영토를 다스렸다.

5세기 초 광개토대왕 때의 지도

413년 국내성에서는

413년 영락대왕이 39세의 나이로 세상을 떠났다. 영락대왕은 그가 이룬 업적에 맞는 이름을 얻었다. 영토를 크게 넓히고 백성을 편안케 했다는 뜻의 '국강상광개토경평안호태왕'. 아들 장수왕은 아버지 광개토대왕의 업적을 기리기 위해 41년 국내성에 거대한 추모비를 세웠다. 비문 한 구절은 광개토대왕이 어떤 군주였는지 아주 잘 보여 준다.

"왕의 은택이 하늘에 미쳤고, 위엄은 온 세상에 떨쳤다. 나쁜 무리를 쓸어 없애 백성이 편안하게 살게 되었다. 나라는 부강하고 온갖 곡식이 풍성했다. 그런데 하늘이 이 백성을 불쌍히 여기지 않았나 보다. 39세에 세상을 버리고 떠나시었다." Ⓗ

광개토대왕비

광개토대왕 비문 1775자의 진실 ✳

높이 6.39미터의 광개토대왕비 4면에는 모두 1,775자의 글자가 새겨져 있다. 이 가운데 한 구절이 일본과 우리나라 학자들 사이에서 식민지 논쟁을 불러일으키고 있다.

"왜이신묘년래도해파백잔○○○라이위신민(倭以辛卯年來渡海破百殘○○○羅以爲臣民)"

일본은 위 문구를 "왜가 신묘년(391)에 바다를 건너와 백제와 신라를 격파하여 신하로 삼았다."라고 자기들한테 유리하게 해석한다. 반면에 한국 학자들은 위 문구를 "신묘년에 왜가 쳐들어오자, 고구려가 바다를 건너가 왜를 쳐부쉈다."라고 해석한다. 문장의 주어를 고구려로 본 것이다. 당시 한반도 국가들과 왜 사이 힘의 관계를 볼 때 일본이 한반도 일부를 식민 지배했다는 건 믿기 어렵다.

그렇다면 일본이 광개토대왕 비문을 자기들 멋대로 해석하는 이유는 뭘까. 일본은 식민 지배를 정당화하기 위해 임나일본부설을 주장했다. 임나일본부설이란 일본이 4세기에서 6세기 사이에 가야 지방에 진출해 일본부를 두고 백제와 신라를 지배했다는 것이다. 그 임나일본부설을 뒷받침하기 위해 광개토대왕 비문을 자기들한테 유리하게 해석한 것이다. 그러기 위해 일부 글자를 멋대로 훼손했다는 의혹을 받고 있다.

단독공개

장수왕, 남진 정책의 닻을 올리다

평양으로 수도를 옮겨 남진 정책을 추진한 장수왕이 백제 한성을 무너뜨렸다.
한성 점령에 가장 큰 공을 세운 사람이 있는데, 승려라는 것 외에 알려진 바가 거의 없다.
그는 어떤 작전으로 백제에 구멍을 냈을까? 일급비밀 작전을 단독 공개 한다.

남파 간첩 도림, 그의 임무는?

나, 도림은 고구려 중흥의 역사적 사명을 띠고 이 땅에 태어났다. 하늘 자손이신 주몽과 광대한 영토를 개척하신 광개토대왕의 얼을 오늘에 되살려 삼국 통일에 이바지하고자 백제에 간첩으로 남파됐다.

내 임무는 개로왕에 접근하여 백제를 혼란에 빠뜨리는 것이다. 만에 하나 일이 잘못되면 나는 체포되어 처형될 것이다. 그래도 괜찮다. 그동안 도움을 준 나라의 은혜를 생각하면 이 한 목숨 바쳐도 여한이 없다. 475년 모월 모일(국가 기밀이라 밝힐 수 없음), 한강을 건너 백제에 입국했다. 고구려에 죄를 짓고 도망친 도망자로 신분을 위장했다.

첫 번째 미션은 바둑으로 개로왕에 접근하는 것. 궁궐 앞에 가서 궁궐을 지키는 장수에게 "내가 바둑을 좀 두는데, 개로왕에게 전해 달라."라고 부탁했다. 의외로 쉽게 답이 왔다. 듣던 대로 개로왕이 바둑을 좋아하긴 하나 보다. 개로왕은 왕권을 강화하기 위해 애쓴 왕이라는 평가가 있는 반면, 아름다운 도미 부인을 빼앗기 위해 그녀 남편의 두 눈을 뽑아 버릴 만큼 잔혹한 인물이라는 극과 극의 평가를 받고 있다. 나는 계획대로 개로왕에 접근하여 그와 바둑을 두는 데 성공했다.

두 번째 미션은 개로왕의 마음을 사로잡는 것. 개로왕은 져 줄 듯 말 듯 하다가 이겨 버리는 나의 바둑 신공에 쉽게 말려들었다. "스님 같은 나라 안에 제일가는 국수를 이제야 만나다니 무척 아쉽다."라나 뭐래나. 때가 무르익은 듯싶어 개로왕에게 미끼를 던졌다.

"백제는 사방이 산과 언덕과 바다와 강으로 둘러싸여 있어 하늘이 내리신 요지입니다. 그런데 대왕마마의 권위는 그다지 높아 보이지 않습니다. 성을 새로 쌓고, 궁궐을 짓고, 선왕들의 묘를 다시 만들면 모두가 대왕을 두려워하고 우러러 볼 것입니다."

"좋다! 내 그리하겠다."

개로왕은 그날로 백성들을 동원해 제방과 성을 쌓고, 화려한 궁궐을 짓기 시작했다. 멀리서 돌을 날라다가 아버지 무덤을 다시 만들었다. 하루가 다르게 화려한 궁궐과 성곽이 높이 쌓여 갔다. 그와 함께 백성들의 원성도 높아졌고, 왕실 창고는 텅텅 비어 갔다. 드디어 백제 털기 작전 성공.

장수왕, 한성 함락 후 한강 독차지

이번 작전을 기획한 이는 장수왕이다. 장수왕은 아버지 광개토대왕이 물려준 광활한 영토를 지키기 위해 애썼다. 그와 함께 늘어난 백성을 먹여 살리기 위해 장수왕은 427년 평양으로 수도를 옮겼다. 국내성에 있는 귀족 세력을 누르고 왕권을 강화하기 위한 목적도 있었다. 평양은 중국과 더 멀어 방어에 유리했고, 비옥한 토지와 서해로 난 뱃길이 있어 새 수도로 적합했다.

장수왕은 평양 천도를 계기로 본격적인 남진 정책을 펼쳤다. 그전에 미리 중국 남쪽에 있는 송나라, 북쪽에 있는 북위와 원만한 외교 관계를 구축했다. 장수왕이 남쪽으로 밀고 내려올 태세를 취하자 백제와 신라는 긴장했다. 두 나라는 동맹을 맺어 고구려 침략에 공동 대응키로 했다.

그러던 어느 날 개로왕이 북위에 은밀히 편지를 보내 "고구려를 칠 군사를 보내 달라."라고 요청했다. 북위는 고구려의 힘을 알고 있었기에 거절했다. 그런데 이 사실을 장수왕이 뒤늦게 알아 버렸다. 이 일로 장수왕은 백제를 무너뜨려야겠다고 결심했고, 그 때문에 지금 내가 여기에 와 있는 것이다.

아차산의 고구려 보루 복원 모형

고구려군 한강 초소 아차산 보루

장수왕은 백제 한성을 무너뜨린 뒤 아차산에 보루를 설치했다. 보루란 상대편의 움직임을 감시하고 공격과 방어를 하는 군사 시설이다. 고구려 병사들은 이곳 주둔지에서 백제 공격에 대비했다. 1997년 아차산 제4 보루 터에서 고구려 병사들이 사용하던 토기, 철제 무기, 철제 농기구 등 유물 500여 점과, 배수로와 저수조가 갖춰진 군 막사와 간이 대장간이 발견되었다. 서울 광진구와 경기도 구리시 경계에 있는 아차산 보루는 551년 나제(신라와 백제) 연합군의 공격을 받아 후퇴할 때까지 75년 동안 유지됐다.

나는 백제를 혼란에 빠뜨리는 임무를 마친 뒤 궁궐을 빠져나왔다. 그러자 장수왕이 직접 군사 3만 명을 이끌고 한성으로 쳐들어갔다. 들리는 말에 따르면 개로왕은 내 바둑 실력에 홀려 나라를 망치게 된 것을 후회했다고 한다.

고구려 군대가 백제의 북성과 남성을 포위했다. 성문에 불을 질러 먼저 북성을 함락하고 이어서 남성을 에워쌌다. 개로왕은 가까스로 성을 빠져나갔다. 하지만 멀리 가지 못하고 고구려 장수 재증걸루와 고이만년한테 붙잡혀 아차성에서 죽임을 당했다.

신선놀음에 도끼자루 썩는 줄 모른다더니, 개로왕은 나라가 망하는 줄도 모르고 바둑을 두다가 나라 망쳤다. 나 같은 스파이가 할 소리는 아니겠지만……. 아무튼, 백제 함락 작전 성공! 대고구려 만세! 광개토대왕 만세! 장수왕 만만세! Ⓗ

최강 고구려 철갑 기마 부대와 산성

고구려가 동북아시아 최강국이 될 수 있었던 건 무엇보다도 튼튼하고 웅장한 산성과 막강한 철갑 기마 부대 덕분이다. 광개토대왕 때 큰 활약을 펼친 철갑 기마 부대는 병사들뿐만 아니라 말에게도 철갑옷을 입힌 중무장 기병 부대이다.

고구려 철갑 기병 고분 벽화
이 그림은 고구려 철갑 기병이 성을 공격하는 '공성도'로서, 중국 길림성 삼실총에 있는 벽화이다.

철갑 기마 부대가 공격용이라면 산성은 방어용이다. 고구려는 산성의 나라라고 불러도 좋을 만큼 튼튼한 산성을 많이 쌓았다. 만주와 한반도 일대에는 170여 개의 성들이 우뚝 서 있다고 한다. 건국 이후 700여 년 동안 쉼 없이 중국 세력의 침략을 물리친 데는 산성의 역할이 무척 컸다.

수나라 양제는 요동성을 깨뜨리지 못하자 별동대를 평양성으로 출격시켰다가 을지문덕에게 살수에서 전멸당하고, 퇴각한 지 얼마 안 돼 나라가 망했다. 당 태종은 몇 달 동안 안시성을 공격했지만 성주와 주민들이 일치단결해 항거하자 엄청난 병력을 잃고 비참하게 돌아갔다. 고구려는 산성의 나라답게 성을 의지해 외적의 침입을 잘 막아낼 수 있었다.

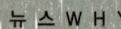

성왕, 백제 중흥의 깃발을 들다

장수왕에 한성을 함락당하고 울며 겨자 먹기로 수도를 웅진으로 옮겨야 했던 백제.
백제가 최근 부흥기를 맞고 있다고 한다. 어떻게 그런 일이?
달리는 이 기자가 뉴스 WHY에서 자세히 짚어 본다.

한성 시대 마감하고 웅진 시대로

475년 장수왕이 고구려군 3만 명을 이끌고 백제 도성을 에워싸던 날, 태자 문주는 구원병을 요청하기 위해 신라로 달려갔습니다. 하지만 태자가 신라군 1만 명과 함께 돌아왔을 때는 이미 성이 함락되었고, 아버지는 허망하게 돌아가신 뒤였지요.

이처럼 안팎으로 어려운 상황에서 왕위에 오른 태자(문주왕)는 남은 세력들을 이끌고 웅진(충남 공주)으로 천도하였습니다. 문주왕은 그곳에서 백제 시즌 2를 열어 가기 위해 나라를 추슬렀지요. 하지만 귀족들은 문주왕에게도 한성 함락의 책임이 있다며 그를 살해했어요. 그 뒤로 삼근왕은 어린 나이에 죽고, 동성왕은 반란 세력에게 죽임을 당합니다. 그렇게 혼란스런 나날을 보내던 백제는 무령왕이 등장하면서 비로소 재기의 발판을 마련하게 된답니다.

501년, 무령왕이 백제를 다시 일으킬 역사적 사명을 띠고 왕이 되었어요. 백제의 가장 큰 국정 목표는 두 가지였습니다. 하나는 팔다리 허리 모두 부러진 백제를 다시 일으켜 세우는 것, 또 하나는 고구려에 빼앗긴 한강 유역을 회복하는 것이었죠.

무령왕은 즉위하자마자 곧바로 고구려로 치고 올라갔습니다. 이듬해에도, 그 후 10년 동안이나 기회 있을 때마다 고구려를 공격했지요. 그렇게 20년이 지나자 주변 국가들로부터 "백제가 다시 강국이 되었다."라는 소리를 들을 만큼 국력을

되찾았어요. 게다가 무령왕은 왕권을 강화하기 위해 22담로라는 지방 행정 조직을 만들어 지방을 통제했답니다.

무령왕, 참 대단하죠? 저도 한 번 본적이 있는데요. 키가 무척 크고, 눈매가 그림처럼 아름답고, 인자하고 너그럽고, 한마디로 '훈남'이더군요. 무령왕이 백제 중흥의 기틀은 다졌지만 2퍼센트 부족한 부분이 있었어요. 고구려에 빼앗긴 한강 유역을 아직 회복하지 못한 것입니다.

사비로 수도 옮기고 백제 중흥 성공

523년 무령왕이 죽자 아들인 성왕이 정치 무대 전면에 등장했습니다. 성왕 또한 지금 백제가 해야 할 일이 무엇인지 정확히 알고 있었죠. 성왕은 즉위하자마자 고구려를 공격해 패수라는 강에서 고구려군을 크게 물리쳤어요. 몇 해 뒤에는 고구려군에 패해 2천 군사를 잃기도 했지만 성왕은 공격을 멈추지 않았습니다.

성왕은 잃어버린 한강 유역을 되찾으려는 의지가 아버지보다 더 커서 신라군의 도움을 받아서라도 고구려군을 물리쳐야겠다고 생각했던 것 같습니다. 백제와

지금 고구려는…

고구려는 왜 쉽게 한강 유역을 잃었을까? 백제와 신라 연합군의 기세가 거세기도 했지만, 고구려 북쪽에서 새로 일어선 돌궐이 호시탐탐 고구려를 노리는 바람에 남쪽 분쟁 지역인 한강 유역에 신경을 쓸 겨를이 없었다. 게다가 귀족들이 세력 다툼을 하느라 고구려의 힘이 이전만 못했다고 한다.

신라가 원래부터 이렇게 사이가 좋았냐고요? 그건 아닙니다. 그전까지 별로 사이가 좋지 않았던 두 나라는 장수왕이 평양으로 수도를 옮기며 남쪽으로 진출을 꾀하자 433년에 나제 동맹을 맺었지요. 그 동맹 관계가 성왕 때까지 내려오고 있었던 겁니다.

아 참, 백제 수도를 다시 옮긴 이야기를 깜빡했군요. 성왕은 538년 백제 중흥을 위해 지지 세력이 있는 사비(충남 부여)로 수도를 옮겼어요. 아울러 나라 이름도 남부여라고 고치고 중앙 관료들의 관등을 새로 정비했지요.

국가 체계를 새롭게 정비한 성왕은 그가 정말 간절히 하고 싶었던 일을 시작했어요. 그것은 바로 한강 유역을 되찾는 일이었습니다. 성왕은 신라 진흥왕에게 사신을 보내 서로 힘을 모아 한강 유역을 되찾자고 제안했어요. 551년 마침내 백제와 신라가 군사를 일으켜 한강 유역으로 쳐들어갔습니다. 나제 동맹군은 백제가 70여 년 전 빼앗겼던 백제 한성을 되찾았고, 한강 건너 아차산에 있던 고구려 군사 기지도 접수했어요. 이후 백제와 신라는 한강 유역을 사이좋게 나눠 먹었습니다. 백제는 한강 하류 지역을, 신라는 상류와 죽령 이북 지역을 지배하는 식으로 말이지요.

성왕은 고구려와 전쟁만 한 게 아닙니다. 노리사치계를 통해 일본에 불교를 전해 주고, 중국 남조의 양나라에서 문화를 수입해 세련된 백제 문화를 일궈 냈죠. 이제 백제는 군사면 군사, 문화면 문화, 모든 면에서 백제의 옛 영화를 되찾은 것 같군요. 이쯤 되면 성왕을 백제 중흥의 기수라 불러도 되지 않을까요?

이 기자의 못다 한 한마디

성왕이 옛 영토를 되찾고 백제 르네상스 시대를 열었다는 소식까지 전해 드렸는데요. 앞으로 성왕과 진흥왕 사이에 막장 드라마보다 더 기막힌 반전이 펼쳐질 예정입니다. 그 이야기는 바로 다음 장 '진흥왕, 신라 전성기를 이끌다' 편에서 자세히 소개해 드리겠습니다. 코딱지 그만 파고 어서 책장 넘기세요.^^ Ⓗ

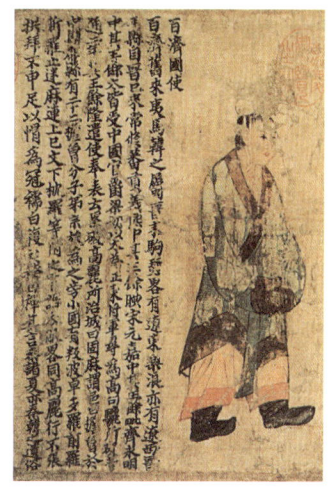

백제 사신
이 그림은 6세기에 그린 《양직공도》에 나오는 백제 사신의 모습이다.

백제 르네상스의 축소판, 무령왕릉

1971년 6월 29일 공주 송산리 고분군에서 배수구 공사를 하던 인부 한 사람이 옛 무덤을 발견했다. 비문을 통해 그 무덤의 주인이 백제 무령왕이라는 사실이 밝혀졌다.

무령왕릉은 흙을 구워 만든 벽돌로 둥글게 널길과 널방을 만들고 둥근 아치형으로 천장을 마감했다. 이 양식은 중국 남조에서 유행하던 무덤 양식으로, 당시 백제와 중국 남조 사이에 활발한 교류가 있었음을 알 수 있다. 관을 만든 나무는 일본에서만 자라는 금송인데, 이 또한 당시 백제와 일본이 활발히 교류했음을 보여 준다. 무덤 안에서는 금, 은, 청동, 돌 등으로 만든 제품 2,906개가 발견되었다.

백제 중흥을 대내외에 알리려는 듯 성왕은 세련된 양식의 무덤을 만들고, 그 안에 이처럼 많은 유물을 함께 묻었다.

복원한 무령왕릉 무덤방

진흥왕, 신라 전성기를 이끌다

신라가 달라졌다. 늘 백제와 왜구 침략에 시달리고, 고구려의 속국 신세나 다름없었던 신라가 진흥왕 때 한강 유역을 독차지하며 신흥 강국으로 떠올랐다. 후진국 신라가 어떻게 삼국 통일을 넘보는 강국으로 떠오른 걸까.

신라, 백제 물리치고 한강 유역 독차지

553년 진흥왕이 한강 유역을 독차지했다. 2년 전까지만 해도 한강 유역은 신라와 백제가 각각 상류와 하류 지역을 나눠 가지고 있었다. 그런데 진흥왕이 백제와의 동맹 관계를 깨고 한강 유역 전체를 신라 땅으로 만들어 버렸다.

한강 유역을 독차지함으로써 신라는 삼국 경쟁에서 가장 유리한 위치에 올라섰다. 한강 유역은 한반도 주도권 경쟁에서 더없이 중요한 지역이다. 한반도 중심

부에 자리해 있을 뿐 아니라 강 주변에 비옥한 토지와 인구가 많고, 서해를 통해 중국과 교류할 수 있는 요충지이기 때문이다. 이런 까닭에 4세기엔 백제가, 5세기엔 고구려가 한강 유역을 손에 넣으면서 전성기를 누렸다.

 진흥왕의 배신에 뒤통수를 얻어맞은 성왕은 이듬해 554년 가야와 왜 군대까지 끌어들여 신라 공격에 나섰다. 백제군과 신라군이 맞붙은 곳은 관산성(충북 옥천)이었다. 관산성은 신라로 들어가는 주요 관문이었다. 태자 여창이 이끄는 백제 연합군은 처절한 공방 끝에 관산성을 빼앗았다.

 그 소식을 듣고 성왕은 백제군을 격려하기 위해 호위 군사 50명을 이끌고 관산성으로 가던 도중에 매복해 있던 신라군의 하급 장수에게 죽임을 당했다. 신라군은 기회를 놓치지 않고 백제군을 공격해 관산성을 되찾았다. 관산성 전투는 백제군 3만 명의 목이 날아가고 살아남은 말이 한 마리도 없을 정도로 치열했다.

지증왕과 법흥왕이 닦은 토대 위에서

관산성 전투에서 백제군을 대파하고 성왕마저 전사시키자, 진흥왕은 삼국 경쟁에서 가장 뜨거운 인물로 떠올랐다. 이제 겨우 스무 살밖에 안 된 청년이 어떻게 이렇듯 대단한 전과를 올리고 한반도 주도권을 쥘 수 있었을까. 그건 아무래도 할아버지 지증왕과 큰아버지 법흥왕이 토대를 잘 닦아 놓았기 때문일 것이다.

지증왕은 왕이 되자마자 왕이나 귀족이 죽으면 노비를 함께 묻는 순장 제도를 폐지했다. 이 제도는 이미 고구려와 백제에서는 사라진 풍습이었다. 순장 제도를 폐지함으로써 신라도 원시 사회의 모습에서 벗어날 수 있었다. 또한 밭갈이하는 데는 소를 이용하도록 했는데, 이마저도 고구려와 백제에서는 이미 시행하던 농사법이었다. 거서간, 차차웅, 이사금, 마립간 등 제각각이던 임금의 호칭도 왕으로 통일했다. 이전에 '사라' 또는 '사로'라고 불리던 나라 이름도 "온 세상을 덕업으로 나날이 새롭게 한다."라는 뜻의 '신라'로 고쳤다. 6세기 초 지증왕 대에 이르러 신라는 비로소 나라다운 나라가 되었다.

전성기의 신라 영토와 진흥왕 때의 삼국 지도

뒤이어 법흥왕은 신라를 보다 더 강력한 중앙 집권 국가로 탈바꿈시켰다. 율령을 반포해 법을 체계화하고, 관리들의 관복 색깔을 지정해 서열을 잡았다. 국방부인 병부를 설치하고 왕의 직할 부대를 만들어 왕권을 강화했다. 또한 불교를 공인해 새로운 국가 통치 이념으로 삼았다. 이처럼 진흥왕은 지증왕과 법흥왕이 닦아 놓은 토대 위에서 마음껏 대외 정복에 나설 수 있었다. 로마가 하루아침에 이루어지지 않았듯 신라 또한 마찬가지인 셈이다.

신라 최대 영토 확장, 최고 전성기 이끌어

진흥왕은 백제로부터 한강 유역을 빼앗은 이듬해 북한산으로 순행을 나갔다. 정복 군주 진흥왕의 모습엔 자신감이 배어 있었다. 진흥왕은 북한산 정상에서 사방을 둘러보았다. 서해에서 한강 이남 그리고 임진강 너머까지, 한반도 중부가 한눈에 들어왔다.

그 뒤로 진흥왕의 정복 활동은 거침이 없었다. 마치 전성기 때의 백제 근초고왕이나 고구려 광개토대왕을 보는 듯했다. 가야를 완전히 병합하고 나서는 원산만을 지나 함경도 마운령과 황초령까지, 동해안을 따라 야금야금 고구려 영토로 치고 올라갔다. 그럴 때마다 그는 정복한 지역에 순수비를 세웠다. 진흥왕 덕분에 신라는 역사상 최대 영토를 확보했다.

영토 확장에 힘써 온 진흥왕은 그에 못지않게 중요한 사업을 벌였다. 청소년 수련 단체인 원화 제도를 개편해 화랑도를 만든 것이다. 원화 제도는 얼굴이 아름다운 두 여자를 대장으로 삼아 심신을

진흥왕의 북한산 순수비

무서운 '중2' 세대, 화랑

북한이 쳐들어오지 못하는 이유가 대한민국 '중2' 때문이라는 우스갯소리가 있다. 거칠 것 없는, 한마디로 무서운 십대라는 뜻이다. 신라 화랑도가 바로 대한민국 중2에 해당하는 나이다. 그들은 충과 효와 우정과 임전무퇴 정신으로 무장한 무서운 십대였다. 최전방 공격수로 대가야를 무너뜨린 화랑 사다함, 황산벌 전투에서 난공불락의 계백 5천 결사대와 홀로 맞짱을 뜬 화랑 관창, 그들은 모두 '중2' 세대였다.

그림/김소희

단련하는 제도였다. 그런데 두 여자 사이에 문제가 생겼다. 어느 날 원화였던 준정이 다른 팀 리더인 남모에게 술을 먹인 뒤 강물에 빠뜨려 죽이는 사건이 발생했다. 이 사건을 계기로 원화 제도는 화랑도로 새롭게 개편되었다. 화랑도는 왕족이나 귀족 출신 소년을 화랑으로 삼고, 그 아래 수백 명의 평민 낭도들과 승려가 한 팀을 이룬다.

오랫동안 화랑도에 관심을 가져온 김대문은 자신이 지은 책 《화랑세기》에서 "앞으로 어진 재상과 충성스런 신하가 화랑도에서 나올 것이며, 또한 훌륭한 장수와 용맹한 병사가 여기서 생겨날 것"이라고 자신 있게 말했다.

삼국 통일을 오랫동안 연구해 온 한 정치 평론가는 "진흥왕이 화랑도를 만든 건 신라가 한강 유역을 장악한 것만큼이나 의미 있는 일"이라며 "화랑들이 장차 삼국 통일 전쟁에서 누구도 예상치 못했던 아주 큰 역할을 해낼 것"이라고 전망했다.

장차 삼국 통일 전쟁에서 화랑이 얼마나 큰 역할을 할지는 두고 봐야겠지만, 화랑 출신 중에서 신라를 구할 인재가 많이 나온다면 진흥왕은 삼국 통일의 발판을 마련한 왕으로 역사에 기록될 것이다. Ⓗ

정복 군주의 자신감

진흥왕은 545년 거칠부에게 신라 역사서인 《국사》를 편찬케 했다. 백제와 고구려 모두 전성기에 역사책을 편찬했다. 진흥왕은 또 열일곱 살이 되어 직접 정치를 주도하는 친정을 시작하며 '개국'이라는 연호를 사용했다. 자기 주도 정치를 하겠다는 선전 포고였다. 이러한 자신감이 한강 유역 쟁탈전에서 선두로 치고 나가는 원동력이 되지 않았을까.

신라 전성기 이끈 진흥왕

"신라의 시작은 미약했으나 끝은 창대할 것이오"

● **신라 최고 전성기를 이끌고 계신데, 비결이 뭔가요?**
"앞 타자들이 기가 막힌 찬스를 만들어 주었기 때문에 내가 그런 영광의 순간을 만난 거지요."

● **좀 더 구체적으로 설명해 주신다면…….**
"그러니까 선대왕인 지증왕과 법흥왕께서 고대 국가의 틀을 확실히 잡아 주신 덕분에 내가 신라 최고의 전성기를 이끌 수 있었다는 말이오."

● **나제 동맹을 깨고 백제를 공격해 한강 유역을 독차지하셨는데, 그에 대한 비판은 어떻게 생각하세요?**
"국가 간에는 영원한 적도 영원한 동지도 없는 법이오. 내가 백제를 배신했다고 비난하는 것은 너무나 순진한 생각이오."

● **일곱 살 어린 나이에 왕이 되어, 어머니 지소 태후의 10년 섭정을 거쳐 친정을 시작하셨는데요. 그때 이미 신라를 강한 나라로 만들어야겠다는 생각을 하신 건가요?**
"그렇소. 신라라고 언제까지 한반도 동남쪽의 작은 나라로 머무르라는 법이 있소? 백제나 고구려보다 중앙 집권 국가를 만드는 건 늦었지만 삼국 통일 경쟁에서는 신라가 앞서야 한다고 생각했소. 네 시작은 미약하나 끝은 창대하리라는 부처님 말씀을 받들어서 말이오."

● **그 말씀은 성경에 나오는 말씀인 것 같은데요. 아무튼 대왕께서는 황룡사를 지어 불교 진흥에도 크게 힘쓰셨는데, 앞으로 삼국 통일을 위해서 어떤 계획을 가지고 계신지요?**
"화랑 제도를 만들어 장차 삼국 통일의 원동력으로 삼을 생각이오. 아울러 신라에는 거칠부, 이사부, 덕만(선덕여왕), 김춘추, 김유신, 관창 등 인재가 많아 삼국 통일의 대업을 반드시 이룰 거라 믿소."

가야, 역사의 뒤안길로

가야가 역사의 뒤안길로 사라졌다. 낙동강 부근에서 작은 연맹 국가로 출발한 지 500여 년 만이다.
고구려, 백제, 신라와 더불어 한반도에서 500여 년의 역사를 이어 오고도 '사국'의 하나로
인정 받지 못한 가야. 가야는 어떤 나라였으며, 왜 멸망했을까?

낙동강 유역에서 여섯 나라로 출발

562년 대가야가 망했다. 이렇게 빨리 망할 거라 생각 못했는데, 좀 섭섭하다. 가야는 500여 년 전 알에서 태어난 김수로와 다섯 친구들이 만든 나라다. 변한 지역인 낙동강 유역에 자리 잡고 고만고만한 여섯 나라들이 연합하며 살아왔다.

가야는 고구려, 백제, 신라 세 나라와 발전 과정이 사뭇 달랐다. 삼국이 여러 작은 나라 가운데 하나에서 시작해 왕을 중심으로 똘똘 뭉쳐 고대 왕국으로 발전한 반면, 가야는 망할 때까지 줄곧 연맹 국가를 유지했다.

물론 가야도 연맹을 이끄는 중심 국가가 있었다. 초기에는 김해의 금관가야, 후기에는 고령의 대가야가 그 역할을 했다. 하지만 그들은 어디까지나 연맹의 대표일 뿐 그들이 하나의 왕국을 지배한 것은 아니었다.

가야가 신라에 멸망했다고 해서 국력과 문화가 크게 뒤처질 거라고 생각하면 그건 오산이다. 가야 건국 후 초기 가야 연맹을 이끌었던 금관가야는 신라 못지않게 부유하고 강했다. 금관가야가 있던 김해는 낙동강 하류 지역으로 바닷길을 통해 중국, 일본 등으로 통하는 해상 무역의 요지였다. 그곳은 또한 비옥한 평야도 있어 농산물도 풍부했다. 더 놀라운 사실은 이 지역이 철 생산의 중심지였다는 것이다.

가야 지도

　가야가 건국되기 전부터 김해 지역에서는 철이 많이 나서 그 철을 가지고 다양한 철제품을 만들어 왔다는 이야기를 기억하는지 모르겠다. 금관가야는 그 전통을 이어받아 철강 강국이 되었다. 중국에서도 오고 왜에서도 오고, 가야 무역선이 일본 규슈 지방까지 드나들 정도로 금관가야는 해상 무역을 활발하게 펼쳤다.

백제와 신라 틈바구니에서 갈팡질팡

　그랬던 가야가 왜 이렇게 됐을까? 문제는 정치였다. 고만고만한 여섯 나라가 하나로 통합하지 못하고 있으니 백제와 신라 틈바구니 사이에서 힘을 제대로 발휘하지 못했다. 서쪽에서 백제가 공격하면 신라에 붙고, 신라가 공격해 오면 백제에 붙고, 한마디로 갈팡질팡했다.

　그러다가 금관가야가 결정적인 타격을 입은 사건이 발생했다. 400년 백제, 왜, 가야 연합군이 신라를 공격한 일이 있었다. 그러자 신라는 고구려에 도움을 요청했다. 광개토대왕은 5만 군대를 보내 신라를 구원해 주었다. 문제는 그때 신라로 밀고 내려온 고구려군이 왜구를 쫓아 금관가야까지 치고 들어왔던 것이다. 왜구는 맥도 못 쓰고 퇴각했고 금관가야는 박살이 났다. 그 바람에 가야 연맹의 좌장

노릇을 했던 금관가야가 쇠퇴하고, 주도권이 고령에 있는 대가야로 넘어갔다.

그 뒤로 시련이 한 번 더 닥쳤다. 장수왕이 남진 정책을 펼쳐 백제를 무너뜨리자 백제가 남쪽으로 내려와 터를 잡고 틈만 나면 가야를 넘봤다. 동쪽에 있는 신라도 영토를 확장하기 위해 가장 가까이 있는 가야를 시시때때로 공격했다. 하지만 가야는 백제와 신라 공격에 제대로 대응을 하지 못했다. 가야의 여러 나라들이 친백제, 친신라로 나뉘어 힘을 하나로 모으지 못했던 것이다.

금관가야에 이어 대가야마저 무너져

6세기 들어 신라가 급속도로 발전하면서 가야에는 먹구름이 드리웠다. 532년 신라 법흥왕 때 금관가야 왕이었던 김구해가 신라에 항복했는데, 그는 훗날 삼국 통일 전쟁에서 맹활약을 펼친 김유신의 증조할아버지였다. 김구해 일가는 금관

신라로 간 가야인

나라는 망했지만 신라에 가서 가야의 명예를 드높인 사람이 많다. 그 가운데 대표적인 세 사람을 꼽으라면 가야금 명인 우륵, 문장의 달인 강수, 삼국 통일의 일등 공신 김유신을 들 수 있다.

가야금 연주의 대가인 우륵은 가야의 운명이 다 됐다고 판단해 550년경 신라에 망명했다. 그전에 우륵은 가야에 내려오는 음악을 정리하여 12곡을 만들었다. 진흥왕은 그의 연주를 듣고 감명 받아 세 사람을 뽑아 우륵에게 보냈다. 그들은 우륵에게 가야금뿐만 아니라 노래와 춤도 배웠다. 아울러 우륵은 진흥왕의 적극적인 후원을 받아 가야금 음악을 더욱 발전시켰다.

강수는 문장가이자 유학자였다. 강수라는 이름은 머리가 뛰어나다고 하여 태종 무열왕이 붙여 준 이름이라고 한다. 강수는 특히 외교 문서를 풀이하고 작성하는 데 탁월한 능력이 있었다. 당나라 사신이 와서 이해하기 어려운 외교 문서를 전하자 강수가 막힘없이 해석하여 무열왕을 기쁘게 했다고 한다. 문무왕은 "아버지 무열왕이 당나라에 구원병을 요청하여 백제와 고구려를 무너뜨릴 때, 강수가 외교 문서를 잘 작성하여 구원병을 얻을 수 있었다."라고 강수의 능력을 칭찬한 바 있다.

가야 출신으로 가장 이름난 사람을 꼽으라면 김유신을 들 수 있다. 김유신은 금관가야의 마지막 왕인 구해왕의 증손자다. 김유신은 아버지 김서현과 어머니 만명 부인(진흥왕의 아우인 숙흘종의 딸) 사이에서 태어나 열다섯 살에 화랑이 되어 죽는 날까지 삼국 통일 전쟁에서 이름을 떨쳤다.

가야를 신라에 바치고 신라에서 귀족으로 대우를 받았다.

　나머지 가야 세력을 이끌고 대가야가 버텼지만 562년 신라 진흥왕 때 신라의 대대적인 공격을 받아 성이 함락되었다. 그때 신라군은 이사부가 이끌었는데, 열여섯 살의 화랑 사다함이 5천 선봉대를 이끌고 기습을 해 오는 바람에 대가야는 맥을 못 추고 무너졌다.

　신라에 비해 경제적으로나 문화적으로 뒤지지 않았던 가야가 왜 이렇게 어이없이 멸망했는지를 놓고 삼국의 정치 평론가 사이에 의견이 분분하다. 한 정치 평론가는 가야 멸망 원인을 다음과 같이 분석했다.

　"가야는 백제나 신라와 달리 중앙 집권 국가로 성장하지 못해 외적이 침입했을 때 효과적으로 대응하지 못한 점이 멸망의 원인이라 할 수 있습니다."

　뭉치면 살고 흩어지면 죽는다, 이런 건가? 그래도 그렇지, 삼국과 더불어 500여 년의 역사를 이어 왔는데 '사국 시대'라고 하지 않고 '삼국 시대'라고 하는 건 가야를 너무 무시하는 처사가 아닐까. 나라는 망했지만 역사 속에서라도 당당히 명예를 회복하기 바란다. Ⓗ

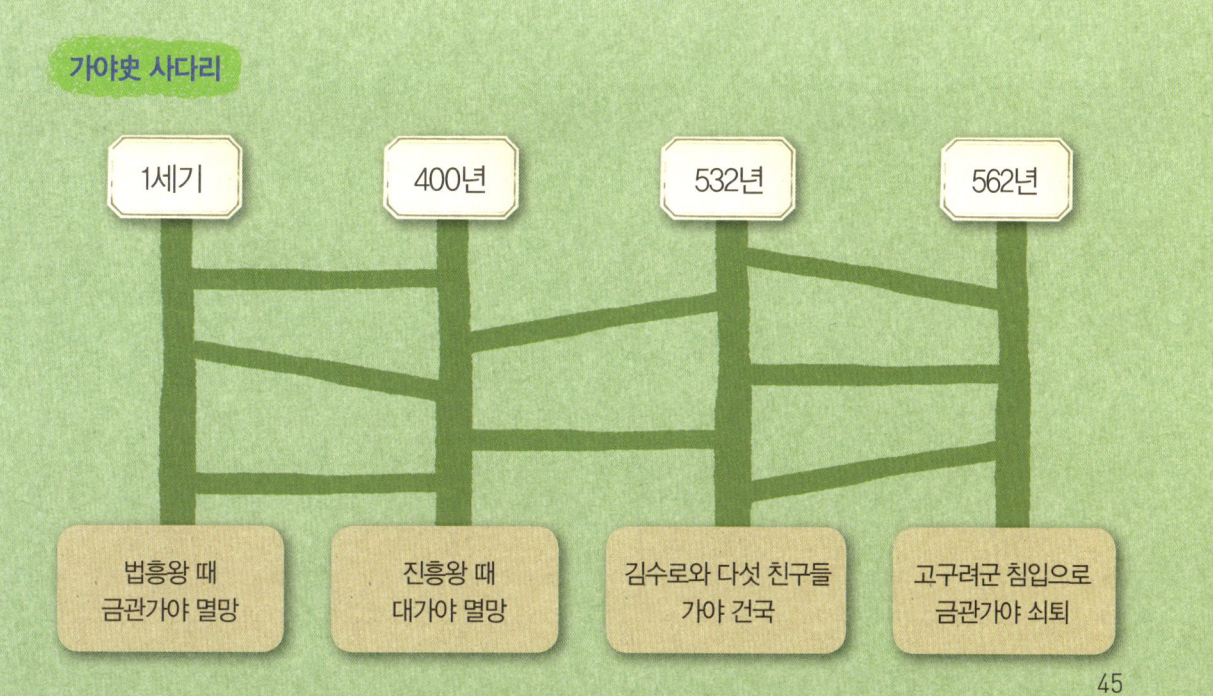

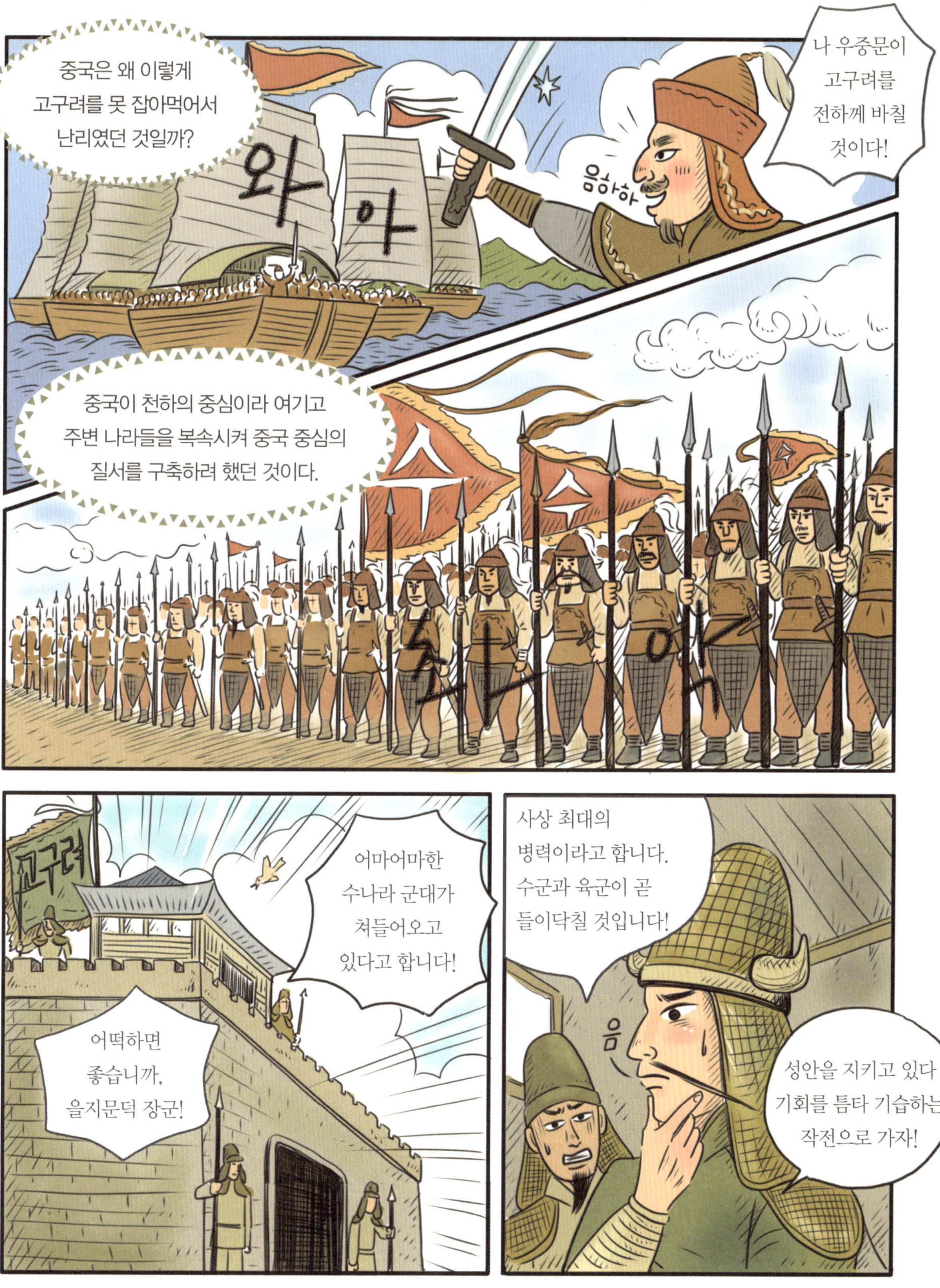

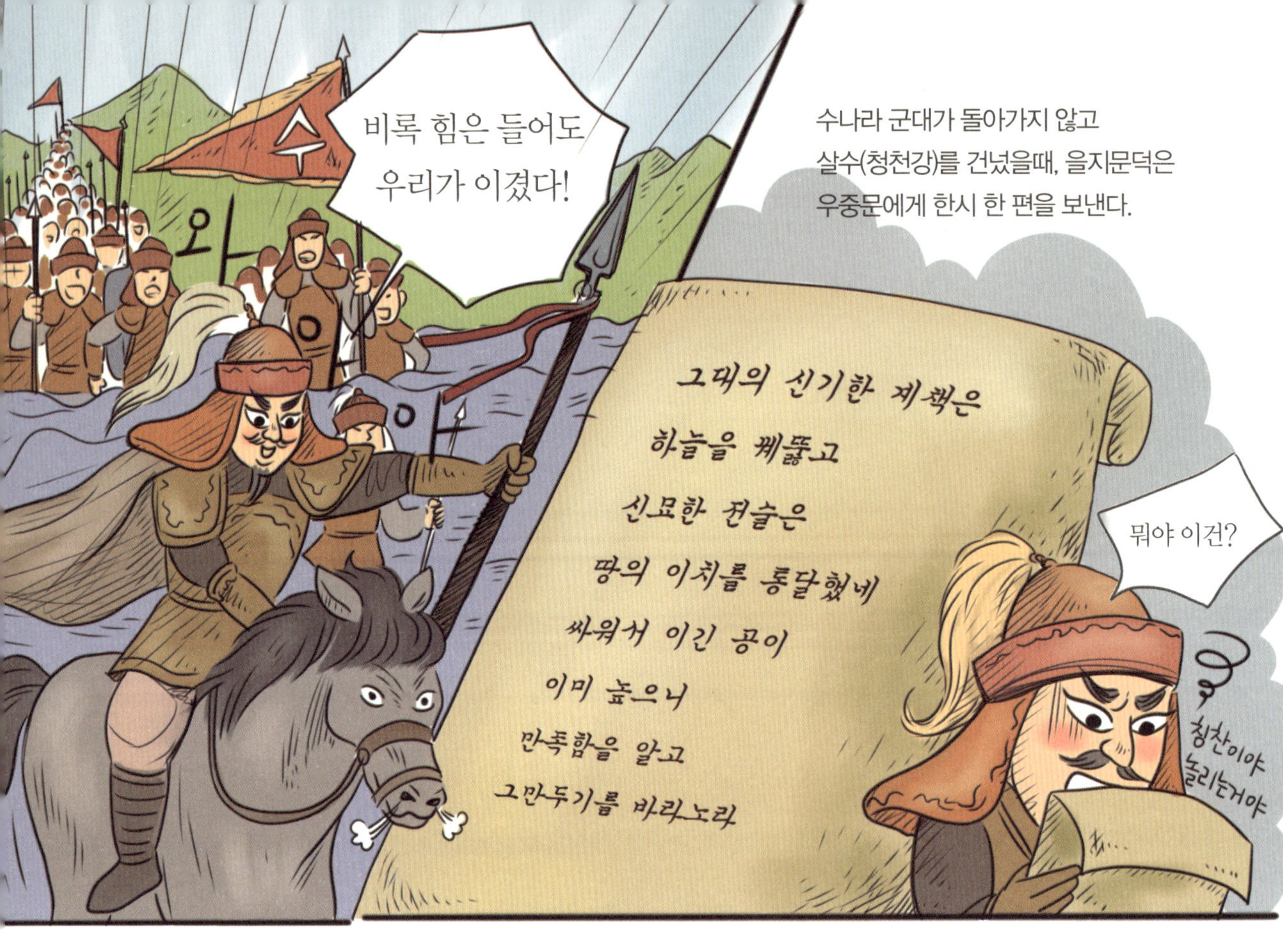

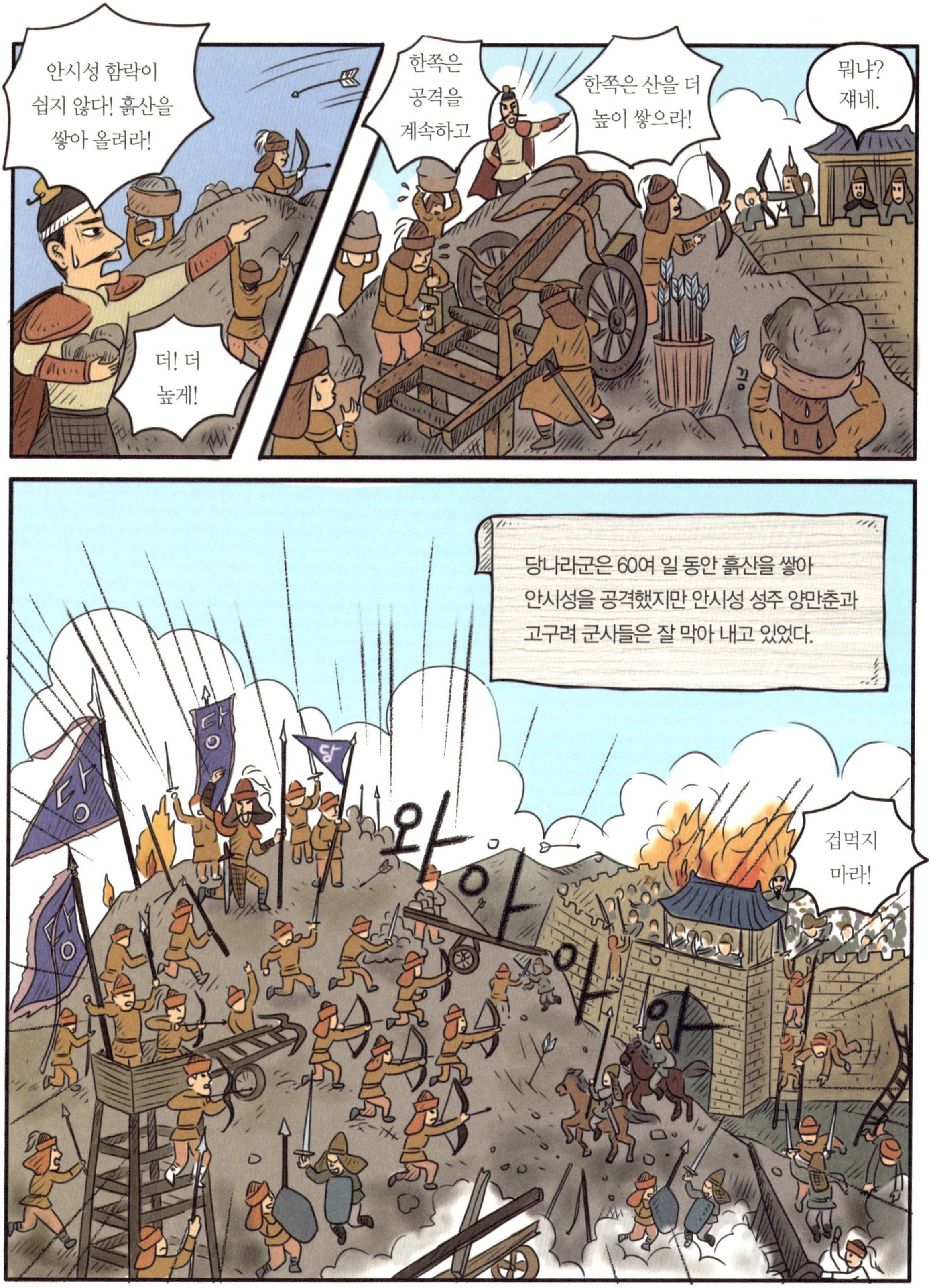

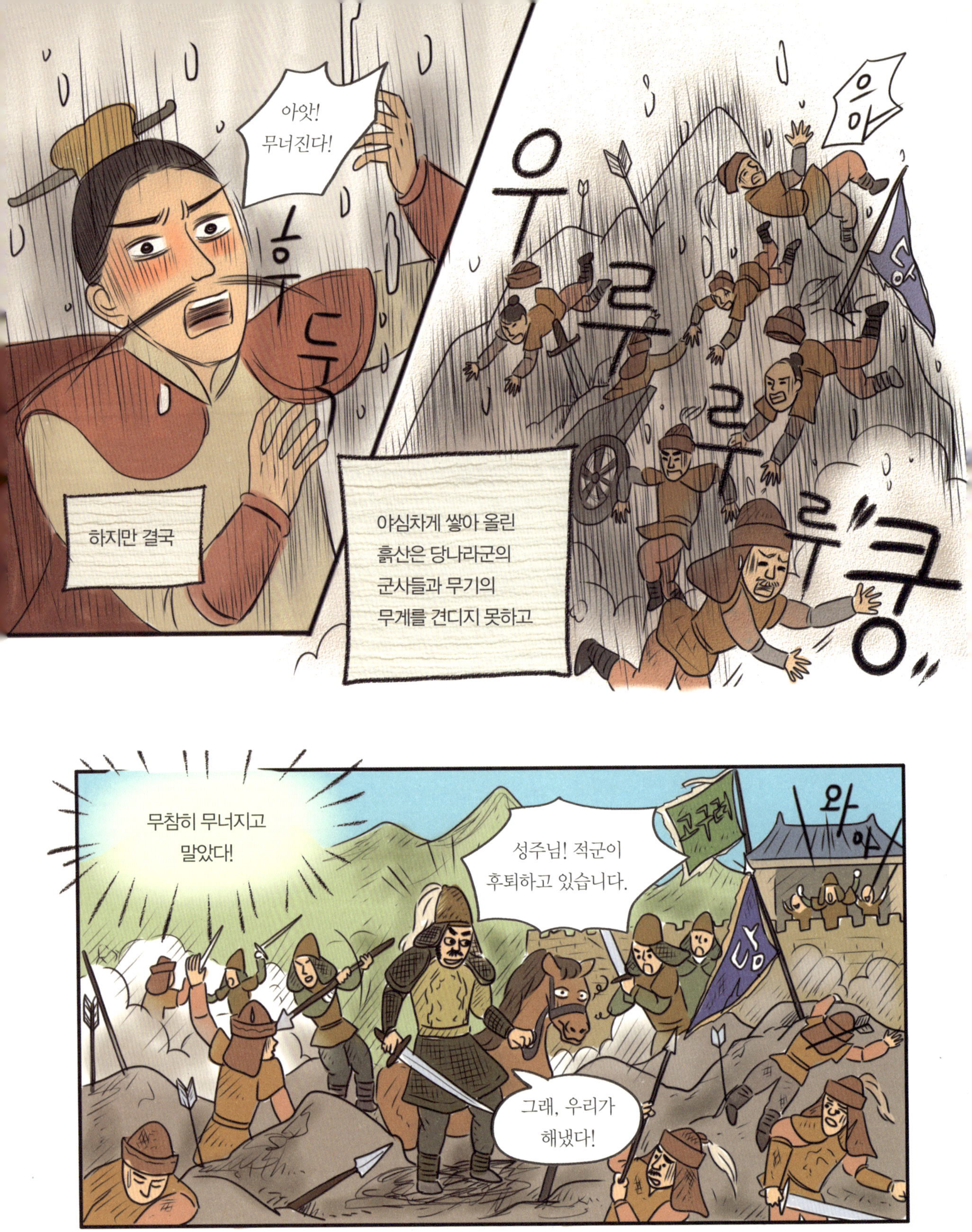

특집

- 삼국 통일 전쟁의 서막, 나당 동맹
- 삼국 통일 전쟁 1라운드, 황산벌 대혈투
- 삼국 통일 전쟁의 분수령, 평양성 전투
- 삼국 통일 전쟁의 완결, 나당 전쟁
- 늙은 병사의 일기
- 삼국 통일은 대박인가?

삼국 통일을 향한 무한 질주

마침내 삼국 통일 전쟁의 막이 올랐다. 고구려, 백제, 신라 삼국은 국가의 존망을 걸고 물러설 수 없는 싸움의 한복판에 섰다. 《특종! 달려라 한국사》 편집실은 삼국 통일 대전을 정확하고 생생하게 전달하기 위해 기존의 취재 방식에 특별히 역사 케이블 채널을 신설하여 삼국 통일 전쟁을 집중 탐구 한다. 삼국 통일 전쟁의 도화선이었던 백제와 신라의 대야성 전투부터 본격적인 삼국 통일 전쟁인 황산벌 전투와 평양성 전투 그리고 삼국 통일 전쟁을 완결 지은 나당 전쟁에 이르기까지 특집에 모두 담았다.

밀착취재

삼국 통일 전쟁의 서막, 나당 동맹

642년 백제 의자왕이 신라 대야성을 함락시켰다. 절체절명의 위기에 처한 신라는 위기에서 벗어나기 위해 김춘추의 외교 카드를 꺼내 들었다. 과연 김춘추는 위기의 신라를 구할 수 있을까. 오랫동안 김춘추를 눈여겨봐 온 이 기자가 김춘추의 움직임을 밀착 취재 했다.

삼국의 주요 인물, 의자왕·김춘추·연개소문

기자 생활을 몇백만 년 하다 보니 취재원들과 인간적으로 친하게 지내는 경우가 있다. 요즘엔 연개소문, 의자왕, 김춘추와 각별하게 지낸다. 세 사람은 자타가 인정하는 고구려, 백제, 신라의 주요 인물이다. 이들이 서로 친하게 지내면 좋으련만 내 바람과 달리 세 사람 사이가 썩 좋지 않다. 그래서 가끔 기자인 내 입장이 곤란할 때가 있다. 그렇다고 누구 편을 들 수도 없고.

642년 여름에도 대략 난감한 일이 있었다. 의자왕이 신라의 40여 개 성을 친 지 얼마 뒤 합천 부근의 대야성을 함락시킨 일이 있었다. 그때 김춘추의 사위와 딸이 백제군에 목숨을 잃었다. 그 사건 이후 나는 얼마간의 시간 차를 두고 의자왕과 김춘추를 차례로 만났다. 나를 본 의자왕은 기쁨을 감추지 못했다. 아니 감추려 하지 않았다는 게 더 정확한 표현일 것 같다. 그래서 내가 물었다.

"거 좀 적당히 하시지, 그렇게 신라를 못 잡아먹어서 안달인 이유가 뭡니까?"

"이 기자가 진정 몰라서 묻는 것이오? 일백 년 전 신라 진흥왕이 한 일을 잊었소? 우리를 배신하고 한강 유역을 차지한 것도 모자라 성왕 폐하를 죽이지 않았소. 내 그 일만 생각하면……."

의자왕의 얼굴에 웃음기가 가셨다. 그랬다. 의자왕은 어려서부터 효심이 지극해 해동증자라 불렸고, 왕이 되어서는 의롭고 자애로운 왕이라는 이름을 얻었지만 신라 얘기만 나오면 복수의 화신으로 변하곤 했다. 그래서 요즘 백제와 신라의

 싸움을 보노라면 이전의 영토 확보 전쟁 때와는 사뭇 다른 분위기가 느껴진다. 너 죽고 나 살자 뭐 이런 분위기랄까?

 의자왕을 만나고 난 뒤 나는 사비성을 떠나 경주로 갔다. 경주에서 본 김춘추 얼굴에는 불안감이 가득 배어 있었다. 백제군에 딸을 잃은 원한과 위기에 처한 신라 걱정 때문일 것이다. 김춘추는 나를 보자마자 같이 갈 데가 있다며 한두 달 시간 좀 내줄 수 있냐고 물었다. 왜 그럴까?

 "고구려에 가야겠소. 가서 군사 요청을 해야지, 이대로 있다간 저 이리떼 같은 백제 놈들 때문에 나라가 온전치 못하겠소."

 나는 조심스럽게 물었다.

 "고구려가 공의 요청을 받아 줄까요? 제가 알기론 지금 고구려와 백제가 협력 관계를 맺고 있는 데다 연개소문이 그리 호락호락한 인물도 아닌데 신라에 군사를 내주겠냔 말입니다."

 "달리 방법이 없소. 백제를 멸하지 않으면 우리가 죽을 판이오."

김춘추는 절박한 만큼 단호했다. 말릴 수도 없고 말린다고 될 상황도 아닌 듯했다. 나는 결국 김춘추와 함께 평양으로 가기로 했다.

642년 신라와 고구려의 평양 회담

초겨울 북서풍이 얼굴을 할퀴고 지나갔다. 매서운 바람은 김춘추와 연개소문의 평양 회담 결과를 예견하는 듯 냉랭했다. 우리는 한 달이 채 못 돼 평양성에 도착했다. 고구려 실권자인 연개소문이 나를 보자 반갑게 맞아 주었다. 지난가을 연개소문이 쿠데타를 일으킨 직후 인터뷰를 한 인연으로 가까워진 까닭이었다.

고구려 대표로 연개소문이 나섰다. 고구려에 보장왕이 있었지만 그는 허수아비였다. 고구려의 정치, 외교, 군사 실권이 대막리지 연개소문의 손 안에 있었다. 드디어 연개소문과 김춘추가 마주 앉았다.

김춘추가 먼저 말을 꺼냈다.

"백제를 치려 하니 군사를 빌려 주시오."

그러자 연개소문이 입을 열었다.

"신라가 빼앗은 옛 고구려 땅을 돌려주면 그렇게 하겠소."

다시 김춘추가 말했다.

"그것은 일개 신하인 제가 결정할 문제가 아닙니다."

연개소문이 벼락같이 소리쳤다.

"당장 김춘추를 옥에 가두어라!"

그것으로 평양 회담은 끝났다. 내 이럴 줄 알았다. 연개소문이 돌려 달라고 한 옛 고구려 땅은 100여 년 전 진흥왕이 고구려를 공격해 차지한 한강 유역이었다. 하지만 그 땅이 원래 고구려 땅도 아니었으므로 꼭 돌려줘야 할 의무도 없었다. 그런데도 연개소문은 김춘추가 받아들일 수 없는 제안을 해 협상을 깨고, 그것도 모자라 사신으로 온 김춘추를 가둬 버린 것이다.

며칠이 지났다. 답답한 마음에 연개소문을 찾아갔다.

"대막리지님, 협상이 깨지는 거야 나라와 나라 사이에 얼마든지 일어날 수 있는 일입니다만, 사신을 가두는 건 경우가 아니지 않습니까?"

"이 기자는 누구 편이오?"

"기자가 누구 편이 어디 있습니까? 삼국이 사이좋게 지내길 바랄 뿐이지요."

"그렇소. 사이좋게 지내려면 신의가 있어야 하는 것 아니오? 일백여 년 전 고구려를 공격해 한강 유역의 땅을 빼앗고 돌려주지 않는 신라를 어떻게 믿고 도와준단 말이오."

답이 없어 보였다. 그날 밤 나는 착잡한 심정으로 김춘추를 찾아갔다. 옥 안에서는 김춘추가 고구려 신하 선도해를 만나고 있었다. 태평하게 술상까지 마련된 자리였다. 선도해는 김춘추의 뇌물을 받고 찾아온 것이었다. 선도해가 술잔을 기울이고 나서 천천히 입을 열었다.

"춘추 공, 공은 토끼와 자라 이야기를 아시오?"

그러면서 선도해는 병에 걸린 용왕의 딸을 살리기 위해 토끼 간을 구하러 육지로 나왔다가 토끼의 꾀에 넘어가 허탕치고 만 자라 이야기를 들려주었다. 이야기

를 듣던 김춘추가 무릎을 탁 쳤다. 그날 밤 김춘추는 고구려 왕에게 신라로 돌아가면 고구려가 요구한 땅을 돌려주겠다는 편지를 썼다.

편지를 받아 든 보장왕은 기뻐하며 김춘추를 놓아주라고 명했다. 연개소문이 말도 안 된다며 나섰지만, 김춘추를 구하러 김유신이 병력을 움직이기 시작했다는 첩보가 평양에 전해진 뒤라 더는 반대하지 못했다.

김춘추 일행은 가까스로 고구려를 빠져나왔다. 나는 다행이다 싶으면서도 고구려가 평양 회담을 깨고 김춘추를 살려 보낸 것이, 장차 신라가 고구려를 치는 빌미가 될 거라고 생각했다. 김춘추는 국경을 넘자마자 배웅 나온 고구려 관리에게 말했다.

"그 편지는 살기 위해 거짓으로 쓴 것이라오."

고구려 관리의 얼굴이 토끼를 놓친 자라처럼 일그러졌다.

648년 나당 동맹으로 돌파구 마련

평양에서 돌아온 이후 나는 잠시 신라를 떠나 요동으로 갔다. 645년 당 태종이 고구려를 침공했다는 소식을 들은 직후였다. 당 태종은 수십만 병력을 이끌고 요동에 있는 고구려 성들을 함락해 갔다. 그러다가 안시성에서 고구려군의 강력한 저항에 이러지도 저러지도 못하다가 결국엔 병력을 철수했다.

그 후로 당 태종은 연례행사처럼 고구려 침공에 나섰지만 번번이 실패했다. 고구려는 잇따른 당나라와의 전쟁을 모두 연개소문의 지휘 아래 치렀다. 당나라 소식통에 따르면 고구려 정벌에 실패한 당 태종은 당나라 혼자 힘만으론 고구려 정벌이 결코 쉽지 않다는 뼈아픈 교훈을 얻었다고 한다.

나는 고구려와 당나라 전쟁이 대강 마무리될 때쯤 신라로 돌아왔다. 그때 신라는 최고 귀족인 상대등 비담이 일으킨 반란을 선덕여왕의 왼팔과 오른팔인 김춘추와 김유신이 성공적으로 진압한 뒤였다. 김춘추의 얼굴엔 자심감이 배어 있었다. 그는 내게 구원병을 요청하기 위해 당나라로 가겠다고 말했다. 군사를 지원

받아 백제를 타도하겠다는 뜻을 아직 버리지 않고 있었던 것이다.

그리하여 648년 나는 김춘추와 함께 당나라로 갔다. 우리는 배를 타고 서해 연안을 따라 중국 대륙에 닿았다. 거친 파도와 싸우는 참으로 험난한 여정이었다. 당 태종은 김춘추를 따뜻하게 맞아 주었다. 김춘추는 잘 생긴 외모와 유려한 말솜씨로 당 태종의 마음을 흔들었다.

"신라와 당이 연합하여 먼저 백제를 친 뒤 장차 고구려를 정벌하는 것이 어떻겠습니까?"

고구려에 된통 혼났던 당 태종은 김춘추의 제안을 선뜻 받아들였다. 그러면서 두 사람은 백제와 고구려를 멸한 뒤 대동강 이남 땅은 신라가 차지하기로 한 합의서를 작성했다. 역사적인 나당 동맹이 맺어지는 순간이었다.

이로써 642년 대야성 함락에서 발원한 삼국 통일 전쟁의 물줄기는 김춘추와 연개소문의 평양 회담 결렬 골짜기를 지나 648년 나당 동맹이라는 강까지 흘러들

그림/김소희

었다. 예상컨대 나당 동맹의 거대한 물줄기는 머지않아 백제 사비성과 고구려 평양성을 휩쓸고 지나갈 것이다.

신라로 돌아오는 배 안에서 김춘추에게 넌지시 말했다.

"참 대단합니다. 당 태종 그 양반이 공의 제안을 그리 쉽게 받아들일 줄 몰랐습니다."

"우리 신라가 뭐 예뻐서 그랬겠소. 다 자기 나라에 이익이 될 만하니 그랬겠지요. 지금 돌궐, 고구려, 백제, 왜가 협력 관계를 맺고 있는 외교 상황에서 우리 신라와 손잡지 않으면 당도 고구려 정벌의 뜻을 이루지 못할 것 같으니 그런 거지요."

당나라에서 돌아온 김춘추는 몇 년 뒤 신라의 왕이 되었다. 그는 나당 동맹 체결 이후 신라의 복식과 관료 제도를 당나라 식으로 싹 뜯어 고쳤다. 군사를 얻는 대신 신라를 철저하게 친당 국가로 만든 것이다. 그렇게 해서라도 그는 꿈을 이루고 싶어 했다. 그가 이루고 싶은 꿈이란 바로 백제 멸망이었다. 당을 등에 업은 김춘추는 과연 그 꿈을 이룰 수 있을까? Ⓗ

당 태종 이세민

[7세기 동아시아 외교 상황과 실력자들]

실시간생중계

삼국 통일 전쟁 1라운드, 황산벌 대혈투

나당 동맹이 위력을 발휘하기 시작한 걸까. 660년 나당 연합군이 백제 사비성을 향해 총공격에 나섰다. 《특종! 달려라 한국사》 편집실이 새롭게 마련한 정치 케이블 채널을 통해 삼국 통일 전쟁의 시작을 알린 황산벌 전투 소식을 실시간으로 생중계한다.

660년 여름, 황산벌은 뜨거웠다

이 기자 《특종! 달려라 한국사》 독자 여러분 안녕하십니까? 여기는 백제와 신라가 전투를 벌이고 있는 황산벌 현장입니다. 오늘은 객관적인 해설을 위해 백제와 신라가 아닌 고구려 장수 출신 해설가를 모시고 양 팀의 전력 분석부터 승패 예상까지 실시간으로 들어 보도록 하겠습니다. 그럼 본격적으로 전투 중계에 들어가기에 앞서 백제와 신라 양 팀이 여기서 왜 이러고 있는지 그 배경을 간단하게 짚어 보도록 하겠습니다. 지금이 무슨 상황이죠?

해설자 지금 상황은 말이죠, 648년 나당 동맹을 맺은 신라와 당나라 연합군이 백제 정벌에 나선 상황입니다. 신라군은 당나라군과 약속한 날짜에 맞추기 위해 어떻게든 황산벌을 지나가야 할 입장이고, 백제는 나라를 살리기 위해서는 이곳을 반드시 사수해야 하는 절박한 상황입니다.

이 기자 알겠습니다. 그럼 본격적인 전투에 들어가기 전에 양 팀 대표 선수를 소개해 드리겠습니다. 화면에 보시는 대로 백제는 계백 장군이 오천 결사대를 이

나 계백은 5천 결사대를 이끄는 백제군 총사령관.

나 김유신은 백전노장의 신라군 총사령관.

끌고 나왔고, 신라는 김유신 장군이 오만 군사를 이끌고 참전했는데요. 양 팀 군사 수 차이가 너무 나는 거 아닌가요?

해설자 오천 대 오만이면 열 배 차이가 나니까 그렇게 볼 수도 있습니다. 하지만 싸움은 대가리 수, 죄송합니다. 머릿수로만 하는 게 아닙니다. 어떠한 전술과 무기로 어떻게 싸우느냐가 중요합니다. 반드시 이기겠다는 불굴의 의지도 승패를 가르는 중요한 요소이고요. 따라서 머릿수만 가지고 승패를 예단하긴 힘들다고 봅니다.

이 기자 그렇군요. 이제껏 한 번도 뚫지 못한 적이 없는 김유신의 창과 단 한 번도 막지 못한 적이 없는 계백의 방패가 맞붙은 이 모순된 싸움에서 과연 누가 승리를 거둘지 그 결과가 자못 기대됩니다. 말씀드리는 순간, 양 팀 선수들 서서히 움직일 준비를 하고 있습니다. 황산벌에 먼저 도착한 백제군이 요지에 진을 치고 신라군을 기다리고 있습니다. 지금 황산벌엔 폭풍 전야의 긴장감이 감돌고 있는데, 계백 장군, 병사들을 향해 호랑이처럼 외칩니다. "옛날 월나라 왕 구천은 오천 군사로 오나라 칠십만 대군을 격파했다. 우리도 용기를 내 신라군을 무찌르자!" 한 마디로 숫자 적다고 쫄지 말고 죽을 각오로 거시기해 불자! 뭐 이런 얘긴 거 같습니다. 계백의 말이 끝나자마자 신라군이 백제군을 공격하기 시작합니다. 유리한 위치를 점하고 있는 백제군, 적은 숫자에도 밀리지 않고 신라군을 물리칩니다. 백제군 결의가 정말 대단한데, 어떻게 보십니까?

네 번 싸워 네 번 이긴 백제군

해설자 네, 그렇습니다. "살아서 적의 노비가 됨은 차라리 죽음만 같지 못하다." 하여 자기의 처자를 모두 죽이고 비장한 결의로 전장에 나온 계백의 결사항전 의지를 꺾는 게 쉽지 않을 것으로 보입니다. 병사들도 황산벌이 뚫리면 백제도 끝장이라는 사실을 잘 알기에 저렇게 목숨을 걸고 나오는 건데, 한 가지 아쉬운 점은 의자왕이 성충과 흥수의 조언을 받아들여 미리 신라 침략에 대비했더라면 얼마나 좋았을까 하는 생각을 해 봅니다. 이런 거 보면 충신들 말을 듣지 않은 의자왕, 참 미련하단 생각밖에 안 듭니다.

이 기자 그러게요. 저랑 친하게 지낼 때만 해도 참 자애로운 왕이었는데 언제부턴가 사치와 방탕에 빠져 정사를 그르쳤다고 하더군요. 그래서 똑똑한 충신들 다 죽게 만들고 마지막 남은 계백 카드로 신라군을 막아 보려는 건데, 참으로 안타까운 일이 아닐 수 없습니다. 말씀드리는 순간, 전열을 가다듬은 신라군 2차 공격에 나섭니다. 이에 맞선 백제군 여전히 용맹하게 신라군을 제압합니다. 2차 공격도 신라군의 패배로 끝납니다. 2차 공격에 실패한 신라군, 다시 3차 공격에 나섭니다. 하지만 이번에도 실패. 신라군 잇달아 4차 공격에 나서 보지만 또다시 실패하고 맙니다. 이대로 가다간 신라군, 황산벌에서 발이 묶일 것 같은데요.

해설자 그렇습니다. 특단의 작전이 나오지 않는 한 계백 결사대를 뚫기가 좀 어려울 것 같습니다. 지금 금강 하구 쪽에서

전해 온 소식에 의하면 소정방이 이끄는 당군 13만이 백제군과 싸워 이기고 사비성으로 진격해 오고 있다고 하는데요. 아 김유신 장군, 정말 똥줄이 타지 않을까 싶습니다.

<u>이 기자</u> 말씀드리는 순간, 돌발 상황이 발생했습니다. 신라군 진영에서 단기 필마로 백제군을 향해 달려가는 병사가 카메라에 잡혔습니다. 오만 군대로도 안 되는데 어린 병사 혼자 뭘 하자는 걸까요?

<u>해설자</u> 프로필을 보니까 흠순 장군의 아들 화랑 반굴이라고 나오는데, 아무래도 자살 특공 작전 같습니다. 나라와 집안의 명예를 위해 싸우다 죽자고 저러는 걸로 보입니다.

<u>이 기자</u> 아, 그래요? 신라 화랑 정말 대담합니다. 하지만 반굴, 창 몇 번 휘두르다 백제군한테 목이 날아갑니다. 안타깝습니다. 도대체 김유신은 어쩌자고 저런 무모한 작전을 쓰는 걸까요? 말씀드리는 순간, 이번에도 화랑 출신의 관창이 창을 빗겨 들고 백제군 진영으로 말을 달립니다. 관창, 백제군 두세 명을 죽입니다. 하지만 곧 백제군에 사로잡히고 맙니다. 계백 앞으로 끌려온 관창, 정말 앳돼 보이는 얼굴이네요. 계백이 기가 찬지 관창을 그냥 살려 보내는군요.

아, 그런데 이게 웬일입니까. 살아 돌아갔던 관창이 다시 말을 타고 달려옵니다. 창을 휘두르는 관창, 하지만 다시 사로잡히고 맙니다. 이번에는 계백이 관창의 목을 베어 말에 매달아 돌려보냅니다. 신라군 장수 김유신이 애꿎은 화랑들 목숨만 날린 게 아닐까 싶은데요.

해설자 그렇습니다. 화랑을 활용한 자살 특공 작전이 별 효과를 못 내고 있는 것 같습니다. 이대로 가면 신라군이 황산벌을 통과하지 못하고 백제는 숨을 돌릴 수 있을 것으로 보입니다.

이 기자 과연 그럴지 계속 전투 상황 지켜보겠습니다. 품일 장군, 피가 뚝뚝 떨어지는 아들의 머리를 치켜들고 울부짖고 있습니다. 그와 동시에 신라군 진영에 알 수 없는 기운이 휘몰아치고 있습니다. 둥둥둥, 북소리가 울리고 신라군 진영에서 분노의 함성이 화산처럼 터져 나옵니다. 김유신 장군, 반굴과 관창의 복수를 위해 백제군을 쳐부수자고 독려합니다. 죽음을 각오하고 달려가는 신라군. 아, 백제군 진영이 동요하기 시작합니다. 신라군 공격을 네 번씩이나 잘 막아 냈던 백제군, 급격히 무너지기 시작합니다. 해설자께서도 예상치 못했던 상황이죠?

해설자 그렇습니다. 완전 대박! 기막힌 반전입니다. 김유신이 설마 이런 상황을 예견하고 반굴과 관창 카드를 쓴 건지 모르겠습니다만, 예상했다면 정말 대단한 전략가입니다.

이 기자 지금 현재 전세가 완전 역전된 상황입니다. 신라군의 창칼과 화살에 백제군 속수무책으로 무너집니다. 아, 계백 장군이 최후 방어선에서 전투를 벌이고 있는데, 떼로 달려드는 신라군을 당해 내지 못하고 쓰러지고 맙니다. 김유신 장군, 드디어 황산벌을 접수합니다. 이것으로 7월의 날씨만큼 뜨거웠던 황산벌 전투는 신라군의 승리로 끝이 납니다. 끝으로 관전평과 앞으로 예상되는 삼국 통일 전쟁 상황을 말씀해 주시죠.

해설자 전반전에는 백제군이 수비 위주의 전술로 신라군을 잘 막아 냈지만, 후반 들어 반굴과 관창 카드를 꺼내든 신라군에 밀려 패배했습니다. 따라서 오늘의 최고 수훈 선수상은 반굴과 관창에게 돌아가야 할 것 같습니다. 황산벌 전투 승리는 나당 동맹이 이룬 첫 번째 성과로 기록될 것 같은데요. 이로써 백제는 곧 멸망하고 다음 타깃은 고구려가 될 것으로 전망됩니다. 제가 지금 여기서 이럴 때가 아닌 것 같군요. 빨리 고구려로 돌아가 나당 연합군 침입에 대비해야 할 것 같습니다. 그럼 이만!

이 기자 그렇군요. 어서 가 보시죠. 이상으로 백제군과 신라군이 맞붙은 황산벌 전투에서 신라군이 승리했다는 소식 전해 드리면서 삼국 통일 전쟁 1라운드 황산벌 전투 생중계를 모두 마치도록 하겠습니다. 지금까지 시청해 주신 독자 여러분, 감사합니다. Ⓗ

황산벌 전투 이후

황산벌 전투에서 승리한 김유신 군대는 사비성으로 진격한다. 그곳에서 신라군을 기다리고 있던 당나라군과 합세, 사비성 공략에 나선다. 의자왕은 웅진으로 도망쳤다가 항복한다. 이로써 700년 역사를 이어 온 백제는 문을 닫고 만다. 이후 흑치상지가 임존성에서, 복신과 도침이 주류성에서 백제 부흥 운동을 전개한다. 복신과 도침은 일본에 있던 왕자 부여풍을 데려와 왕으로 삼고 나당 연합군과 전투를 벌인다. 그러나 복신과 도침 사이에 반목이 생겨 도침은 복신에게 피살되고, 복신은 부여풍에게 죽임을 당하는 등 부흥 운동 내부에 분열이 일어나 세력이 크게 약화된다. 이 와중에 663년 백제 부흥 운동을 지원하기 위해 파병된 왜군이 백강 전투에서 당나라군에 크게 패하면서 백제 부흥 운동은 실패로 돌아가고 만다.

강물로 뛰어드는 궁녀들
부소산 절벽 바로 아래에 있는 고란사 뒤편 담장에는 백제가 멸망하자 궁녀들이 치마폭으로 얼굴을 가리고 강물로 뛰어드는 모습을 담은 벽화가 그려져 있다.

삼국 통일 전쟁의 분수령, 평양성 전투

660년 백제가 망했다. 668년 고구려도 망했다. 백제는 그렇다 치고 50년 넘게
수나라와 당나라 침공을 잘 막아 냈던 고구려가 왜 그리 허망하게 무너진 걸까?
고구려 멸망의 진실을 역사 다큐멘터리 '그것은 알고 싶지도 않다'에서 전격 해부 한다.

고구려 평양성은 왜 무너졌을까

668년 9월, 고구려 평양성으로 나당 연합군이 들이닥칩니다. 성이 함락되고 성 안의 궁궐과 민가가 불타오릅니다. 이로써 주몽이 건국한 이래 700여 년 동안 만주와 요동 지역을 차지하며 대국의 면모를 이어 왔고, 지난 50여 년간 수나라와 당나라의 대규모 공격을 잘 막아 냈던 고구려가 멸망하고 맙니다.

동북아시아의 군사 강국이었던 고구려가 왜 이토록 허망하게 무너진 걸까요? 고구려 멸망에는 지금껏 밝혀지지 않았던 놀라운 사실이 숨어 있습니다. 과연 그게 무엇인지 지금부터 감춰진 진실을 하나씩 추적해 보도록 하겠습니다.

먼저 2년 전 상황을 살펴보겠습니다. 고구려가 멸망하기 2년 전인 666년, 고구려 정계를 뒤흔든 메가톤급 사태가 발생합니다. 그것은 바로 대막리지 연개소문의 죽음입니다. 연개소문이 죽기 전까지 고구려는 나당 연합군의 계속되는 공격을 잘 막아 냈습니다. 하지만 연개소문이 죽고 난 뒤로 고구려는 급격히 쇠퇴하기 시작합니다. 그렇다면 그 무렵 고구려에는 대체 무슨 일이 일어났던 걸까요?

연개소문은 죽음을 앞두고 세 아들에게 이런 유언을 남깁니다.

"너희들은 물과 물고기처럼 화목해야 하며 절대 벼슬을 놓고 싸우지 마라."

연개소문은 왜 이런 유언을 남긴 걸까요? 혹시 자신의 죽음 뒤 발생할지 모르는 상황을 예견하고 이런 유언을 남긴 건 아닐까요? 연개소문이 죽고 1년이 못 돼

 연개소문의 우려가 현실로 나타납니다. 바로 자식들 사이에 내분이 일어난 것이 지요. 사연은 이렇습니다.

 연개소문 사후 아버지의 권력을 승계한 맏아들 남생이 평양성을 두 동생에게 맡겨 두고 지방 순시에 나섭니다. 바로 이 틈에 연개소문의 동생 연정토가 두 동생에게 접근해 "형이 돌아오면 너희 둘을 제거할 것"이라고 이간질을 합니다. 동생들은 그의 말을 믿지 않았습니다. 그러자 이번엔 연정토가 지방에 가 있는 남생에게 접근해 "평양으로 돌아가면 두 동생이 당신을 제거할 것"이라고 거짓말을 합니다. 형 남생은 그 말을 듣고 자신의 심복을 평양성에 보내 사정을 알아보게 합니다. 하지만 그 심복이 동생들에게 붙잡히면서 그만 일이 꼬이고 맙니다.

 처음엔 연정토의 말을 믿지 않았던 남건, 남산 두 동생은 남생이 보낸 심복을 붙잡고 나서야 정말 형이 자신들을 제거할지도 모른다고 여겨 남생을 공격하기로 합니다. 그러자 남생은 평양성에 돌아오지 못하고 요동성으로 도망갔다가 당나라에 투항합니다. 연정토 역시 자신의 계략대로 일이 풀리자 곧바로 신라에 투항을 합니다. 고구려 최고 권력자인 맏아들 남생이 당나라에 투항한 것은 고구려가 무너지는 결정적인 원인이 됩니다. 결국 연개소문 세 아들의 내분은 고구려를 멸망을 길로 재촉하게 됩니다.

연개소문 아들들, 형제는 모자랐다

하지만 의문은 여기서 끝나지 않습니다. 고구려가 과연 연개소문 세 아들의 분열만으로 망했을까요? 형제 사이의 내분 이후 벌어진 당나라군과 고구려군의 전투에서도 풀리지 않는 의문과 만나게 됩니다. 667년의 일입니다.

고구려 영토인 요동에는 여러 성들이 있습니다. 고구려는 그동안 이 성들에 의지해 중국 세력의 침입을 잘 막아 왔습니다. 수나라의 일백만 대군은 요동성에서 막아 냈고, 수십만 당나라 대군의 공격은 안시성에서 물리쳤습니다. 고구려는 이번에도 그런 작전으로 당나라 군대를 물리칠 계획이었습니다. 하지만 요동의 요충지 가운데 하나인 신성에서 생각지도 못한 일이 벌어지고 맙니다. 당나라군이 성을 포위하자 성안에 있던 몇몇 사람들이 성주를 포박해 항복을 한 것입니다. 그러자 주변의 열여섯 성이 쪼르르 항복합니다. 왜 이런 일이 벌어진 걸까요?

그럴싸한 의심을 해 본다면, 연개소문의 큰아들 남생이 당나라의 앞잡이가 된 데다가 아들들의 내분을 틈타 당나라 군대가 대대적으로 공격해 오자 고구려 백성들이 크게 동요하지 않았을까 싶습니다. 하지만 그보다는 고구려 백성들 사이에서 이미 싸움을 포기하려는 패배 의식이 짙게 배어 있었던 게 아닐까요?

그 같은 상황은 다음 해 벌어진 부여성 전투에서 그대로 확인됩니다. 668년 당나라 군대가 부여성을 공격합니다. 이때 당나라군에 의해 부여성이 함락되자 부여성에 속한 주변의 40여 성이 모두 자청하여 항복을 합니다. 신성도 그랬고 부여성도 그랬고 고구려 군사와 백성들이 스스로 당군에 항복하는 이 현상은 불과 몇 해 전까지만 해도 상상조차 할 수 없는 일입니다.

고구려 사람들의 진취적 기상에 어울리지 않는 이런 투항이 도대체 왜 일어난 걸까요? 고구려 역사에 정통한 역사학자가 이런 분석을 내놓았습니다.

"임금과 신하가 화목할 때는 아무리 큰 나라라도 고구려를 함부로 넘보지 못했지만, 집권자들이 올바로 정사를 돌보지 못하고 백성들을 못살게 굴자 그 원성이 걷잡을 수 없이 높아져 붕괴된 것으로 봐야 합니다."

이 말은 곧 연개소문의 오랜 독재 때문에 고구려 백성들의 마음이 떠났다고 해석할 수 있을 것 같습니다. 그러니까 결국은 백성들의 마음을 얻지 못한 것이 고구려 패망의 큰 원인이 되었다고 볼 수 있겠습니다.

평양성을 무너뜨린 마지막 한 방

그런데 말입니다. 분열과 배신과 투항이라는 국가 멸망 원인 3종 세트를 한 번에 보여 주는 사태가 또 발생합니다. 바로 668년 나당 연합군이 평양성을 총공격했을 때 일인데, 그것은 정말 어처구니없는 일이었습니다. 도대체 668년 평양성에서 무슨 일이 벌어진 걸까요? 지금 그 상황 속으로 들어가 보겠습니다.

그해 당나라군의 주력 부대가 요동을 거쳐 진격해 오고, 수군도 산동 반도에서 서해를 건너 평양성으로 향하고, 신라에도 군사 동원령을 내려 신라군 20만이 평양으로 북상해 옵니다.

평양성에서는 보장왕과 장수들이 성을 지키고 있었는데, 총책임은 연개소문의 둘째 아들 남건입니다. 나당 연합군이 평양성을 에워싸고 한 달 동안 무차별 공격을 퍼붓습니다. 그러자 평양성 내부에서는 또다시 내분이 일어납니다. 남건은 끝까지 맞서 싸우자고 주장했고, 보장왕과 일부 신하들은 항복만이 살 길이라며 투항하자고 맞섭니다. 그러다 결국 보장왕이 연개소문의 막내아들인 남산을 신하들과 함께 내보내 백기를 들고 투항하게 합니다.

하지만 남건은 죽을 각오로 당나라군에 맞섰습니다. 그런데 말입니다. 얼마 뒤 남건은 성안의 군사권을 승려인 신성에게 맡깁니다. 하지만 남건이 신성에게 지휘권을 넘긴 것은 고구려로서는 뼈아픈 실책이었습니다. 신성이 지휘권을 갖게 되자 성 밖에 있던 맏아들 남생이 신성 측에 몰래 접근해 큰 상을 약속하며 성문을 열어 달라고 말합니다. 그러자 신성이 실성을 했는지 그렇게 하겠다고 응답합니다. 668년 9월의 평양성은 이처럼 분열과 배신과 투항이 뒤섞여 도저히 망하지 않을 수 없는 상황에 직면하게 됩니다.

평양성 함락 이후

668년 고구려 멸망 이후 당나라는 평양에 안동도호부를 설치해 그 지역을 통치한다. 이에 고구려 유민들은 백제 부흥 운동과 같은 고구려 부흥 운동을 전개한다. 검모잠이 안승을 왕으로 추대해 임금으로 삼고 신라의 지원을 받아 당나라군과 싸운다. 하지만 고구려 부흥 운동 역시 안승이 검모잠을 죽이고 신라로 넘어가는 내분 끝에 실패하고 만다. 끊어졌던 고구려의 역사는 멸망한 지 30년 뒤인 698년, 당나라에 끌려갔던 고구려 유민 대조영이 고구려 옛 땅에 발해를 세우면서 다시 이어진다.

신성은 약속한 대로 몰래 성문을 엽니다. 그러자 나당 연합군이 물밀듯이 밀어닥칩니다. 곧 성이 함락되고 궁궐과 민가가 불타고 고구려 병사들과 민간인이 죽임을 당합니다. 당나라 군사들은 수십 년 동안 여러 차례 대규모 침공에도 평양성을 함락시키지 못한 그 분풀이라도 하듯 성안 구석구석을 철저하게 짓밟았습니다.

이로써 하늘 자손이 세운 나라라는 자부심으로 똘똘 뭉쳤던 고구려이자 숱한 중국 세력의 침입을 막아 내며 만주 벌판을 호령하던 고구려는 700년 세월을 마감하고 역사 속으로 사라지게 됩니다.

고구려 멸망의 원인은 앞으로 역사를 이어 갈 후손들이 두고두고 곱씹어 봐야 할 연구 과제가 아닐까 싶습니다. Ⓗ

고구려 멸망과 연개소문의 함수 관계

고구려에게 연개소문은 양날의 검이었다. 연개소문은 당나라군의 침입을 여러 차례 격퇴하여 고구려를 지켜 낸 수호신이었다. 오늘날 중국 경극에는 연개소문이 당 태종을 격퇴한 캐릭터로 등장하는데, 이것만 보더라도 연개소문에 대한 중국인들의 공포가 어느 정도인지 짐작케 한다. 하지만 연개소문의 장기 집권은 고구려를 망하게 한 원인이 되기도 했다. 물론 이런 평가는 승자가 기록한 역사이기 때문에 100퍼센트 신뢰하긴 어렵다. 하지만 그가 죽자 세 아들 사이에 내분이 일어났고, 그것이 고구려 멸망의 중요한 원인이 된 건 사실이다. 그래서 그에 대한 평가도 극명하게 엇갈린다. 역사학자 신채호는 연개소문을 "조선 역사 4천 년 이래 최고의 영웅"이라며 추켜세운 반면 《삼국사기》의 저자 김부식은 "최악의 독재자이자 고구려 멸망을 초래한 장본인"이라며 깎아내렸다. 과연 연개소문의 실체적 진실은 무엇일까.

경극 속에 등장하는 연개소문

각본없는드라마

삼국 통일의 완결, 나당 전쟁

백제를 멸망시키고 고구려마저 무너뜨렸으니 삼국 통일이 완성된 걸까. 그렇지 않다.
함께 백제와 고구려를 무너뜨렸던 나당 연합군은 곧바로 전쟁을 벌였다. 신라는 어제의
동지였던 당나라군을 몰아내고 삼국 통일 전쟁을 완결 지을 수 있을까.

대반전 드라마 나당 전쟁

내가 《특종! 달려라 한국사》 기자이자 '달려라 TV' 방송 진행자이지만 만약 드라마를 쓴다면 가장 먼저 나당 전쟁을 소재로 드라마를 써야겠다고 마음먹었다. 이번에 나당 전쟁 전 과정을 취재하면서 든 생각이다. 나당 전쟁은 황산벌 전투와 평양성 전투보다 훨씬 더 흥미로운 한 편의 드라마였다.

나당 전쟁 드라마를 소개하기 전에 최소한의 배경 지식이 필요할 듯싶다. 나당 전쟁은 백제와 고구려가 멸망한 뒤 670년부터 676년까지 장장 7년 동안 신라와 당나라가 한반도 패권을 두고 벌인 전쟁이다. 당나라의 목표는 한반도 전체를 지배하는 것이고, 신라는 당 세력을 한반도에서 완전히 축출하는 것이다. 음모와 배신, 영웅적인 활약과 대반전이 펼쳐지는 나당 전쟁 이야기는 몇 개의 고사성어로 풀어 갈 수 있다. 그 첫 번째 고사성어는 다음과 같다.

득롱망촉(得隴望蜀)
사람의 욕심은 끝이 없다

나당 전쟁은 당나라의 끝없는 욕심 때문에 시작됐다. 648년 나당 동맹을 맺을 때 당 태종은 김춘추에게 다음과 같이 약속했다. "백제와 고구려를 멸한 뒤 백제 땅과 대동강 이남 지역의 고구려 땅을 신라에 준다."

그 약속에 따라 두 나라는 나당 연합군을 결성해 660년 백제를 무너뜨리고 668년 고구려를 멸망시켰다. 그런데 화장실 들어갈 때 맘 다르고 나올 때 맘 다르다고 당나라는 국가 숙원 사업이던 고구려 정벌을 끝내자 신라를 배신하고 한반도 전체를 지배하려는 야욕을 드러냈다.

몇백 년 전 후한 광무제가 농 땅을 차지하고 촉 땅마저 차지할 욕심을 드러내자 신하들이 "사람의 욕심은 끝이 없다."라며 득롱망촉이라 비판했던 것을 떠올리게 하는 장면이다. 이에 신라는 "고구려를 정벌할 때는 우리를 사냥개처럼 부려 먹더니 사냥이 끝나니 삶아 먹으려 한다."라며 반발했다.

사실 당나라가 그런 야욕을 내비친 건 고구려 멸망 훨씬 이전이다. 당나라는 백제 멸망 이후 백제 옛 땅에 웅진도독부를 설치하고 당나라군을 주둔시켜 직접 통치에 나섰다. 663년엔 신라 경주를 계림주로 삼고 문무왕을 계림주 대도독으로 임명했다. 백제에 이어 신라까지 처먹겠다는 발상이었다.

그때 이미 신라와 당나라 사이에 갈등의 골이 깊었지만 고구려 멸망(668년)까지 두 나라는 대놓고 전쟁을 선포할 상황은 아니었다. 그러나 고구려 멸망 뒤 당나라가 평양에 안동도호부를 설치하고 고구려를 당나라 영토로 삼자 신라는 더 이상 그 꼴을 두고 볼 수만은 없었다. 그랬다간 옛 백제와 고구려 땅을 잃는 것은 물론이고 신라마저 당의 지배를 받게 될 게 뻔했기 때문이다. 그래서 신라는 어떻게 했을까.

궁서설리(窮鼠齧狸)
쥐도 궁지에 몰리면 고양이를 문다

신라를 쥐에 비유해 좀 뭣하지만, 궁지에 몰린 쥐가 고양이를 물 듯 신라도 그전까지 떠받들던 당나라에 반기를 든 것이다. 어차피 먼저 신의를 저버린 건 당나라였다. 죽고 없는 당 태종이 살아 돌아와 나당 동맹의 약속을 지킬 리도 만무했다. 그래서 신라는 670년 본격적인 대당 전쟁에 나섰다. 백제 멸

안동도호부의 이동

망 직후 당나라가 신라를 공격할 기미를 보이자 김유신이 무열왕 김춘추에게 "개는 비록 주인을 두려워하지만 주인이 다리를 밟으면 무는 법"이라며 대당 투쟁에 나서야 한다고 일갈한 바도 있었던 참이다.

670년 신라군은 고구려 부흥 운동 세력과 합세해 압록강 건너 당나라 전초 기지를 급습했다. 이로써 670년부터 7년 동안 이어질 나당 전쟁의 막이 올랐다. 때마침 당나라는 서쪽에서 토번이 쳐들어와 그쪽으로 병력을 이동시켰는데, 신라가 이를 알고 당나라군 기지를 공격한 것이다.

유비무환(有備無患)
미리 준비해 두면 근심할 것이 없다

그렇다고 신라가 언제까지 토번이 당나라 발목을 잡아 주기만을 바라진 않았다. 어차피 시작한 전쟁, 신라는 당 세력을 한반도에서 몰아내기 위해 만반의 준비를 갖추어 나갔다.

신라는 우선 백제와 고구려 귀족들과 유민들을 대대적으로 받아들여 신라 편으로 만들었다. 그리고 당나라 군대와 최후의 결전을 치러야 하는 임진강 일대 요지에 10여 개의 산성을 수축하고 기존의 산성 또한 정비해 나갔다. 또한 설수진을 통해 새로운 육진법을 익히고 세계 최강의 당나라 기병에 맞서기 위해 장창 부대와 노 부대를 육성했다. 장창 부대란 4미터가 넘는 긴 창으로 200미터를 15초 만에 달려오는 당나라 기병을 제압하는 부대다. '노'란 기계식 격발 장치를 갖춘 활을 가리킨다. 일반 화살촉의 3배가 넘는 길이와 무게를 가진 화살을 아주 먼 거리까지 발사할 수 있는 무기로, 당나라도 탐냈던 신라의 최종 병기다.

이렇게 신라는 유비무환 태세를 갖춰 당나라군이 점령하고 있던 옛 백제 땅 대부분을 장악해 나갔다. 그러자 당 고종은 크게 노하여 문무왕의 관직을 삭탈하고 당나라에 와 있던 문무왕의 동생 김인문을 왕으로 임명했다. 그러고는 대대적인 신라 공격에 나섰다. 675년 2월의 일이다.

권토중래(捲土重來)
한 번 실패에 굴하지 않고 다시 일어나다

　675년 2월 당나라 장수 유인궤가 이끄는 당나라군이 임진강 이남까지 남하해 칠중성을 깨뜨렸다. 신라 문무왕은 잠시 사죄하는 척하며 당 고종을 달랬다. 하지만 그건 어디까지나 위기를 모면하려는 작전일 뿐이었다. 신라는 다시 당나라군과 전투를 벌여 백제 땅을 거의 차지하고 고구려 남쪽 경계까지 영토를 넓혔다. 이에 머리끝까지 화가 난 당 고종은 또다시 대대적인 신라 공격에 나섰다.

　675년 9월 당나라군 20만 명이 경기도 연천 부근에 있는 매소성을 장악했다. 당나라군과 일전을 준비해 온 신라군이 매소성으로 진격했다. 이 일대에서 나당 전쟁 기간을 통틀어 가장 격렬한 전투가 펼쳐졌다. 신라군은 장창 부대와 노 부대를 적극 활용해 당나라군 20만을 무력화시켰다. 당나라군은 신라군의 공격을 견디지 못하고 북쪽으로 달아났다.

칠중성, 매소성 전투 지도

이 매소성 전투에 목숨을 걸고 싸운 화랑이 있었는데, 그 이름은 삼국 통일 전쟁의 일등공신 김유신 장군의 아들인 원술이었다. 거기엔 눈물 없이 들을 수 없는 가슴 아픈 사연이 있다.

3년 전 원술은 당나라군과 싸우다 패한 뒤 목숨만 겨우 건져 돌아온 일이 있었다. 그때 원술은 죽더라도 끝까지 싸울 생각이었지만, 부하 장수가 개죽음이라며 말고삐를 놓아주지 않는 바람에 어쩔 수 없이 후퇴를 했다. 원술이 집에 돌아오자 아버지 김유신은 왕에게 나라와 가문을 욕보인 원술을 죽여야 한다고 간했다. 원술은 부끄러워하며 집을 떠났다. 그 뒤 아버지가 죽었다는 소식을 듣고 집을 찾아왔으나 어머니는 가문의 명예를 더럽힌 자식은 자식이 아니라며 만나 주지 않았다.

원술은 서럽게 울며 산으로 들어갔다. 산에서 원술은 그때 죽지 못한 것을 후회하며 다음에 기회가 온다면 반드시 목숨을 걸고 싸우리라 다짐했다. 그리고 마침

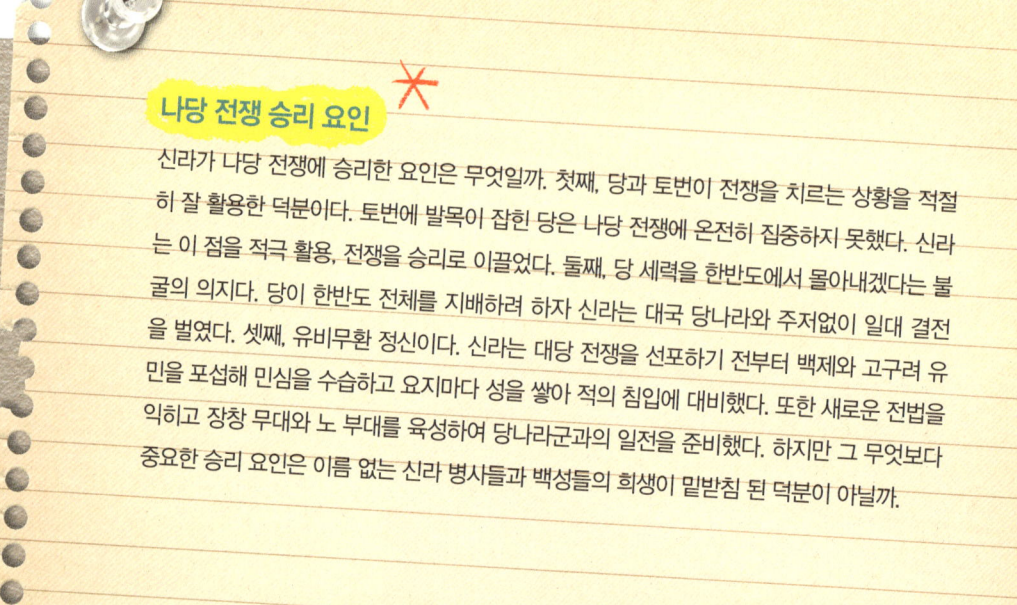

나당 전쟁 승리 요인

신라가 나당 전쟁에 승리한 요인은 무엇일까. 첫째, 당과 토번이 전쟁을 치르는 상황을 적절히 잘 활용한 덕분이다. 토번에 발목이 잡힌 당은 나당 전쟁에 온전히 집중하지 못했다. 신라는 이 점을 적극 활용, 전쟁을 승리로 이끌었다. 둘째, 당 세력을 한반도에서 몰아내겠다는 불굴의 의지다. 당이 한반도 전체를 지배하려 하자 신라는 대국 당나라와 주저없이 일대 결전을 벌였다. 셋째, 유비무환 정신이다. 신라는 대당 전쟁을 선포하기 전부터 백제와 고구려 유민을 포섭해 민심을 수습하고 요지마다 성을 쌓아 적의 침입에 대비했다. 또한 새로운 전법을 익히고 장창 무대와 노 부대를 육성하여 당나라군과의 일전을 준비했다. 하지만 그 무엇보다 중요한 승리 요인은 이름 없는 신라 병사들과 백성들의 희생이 밑받침 된 덕분이 아닐까.

내 675년 당나라군이 매소성에 침입했다는 소식을 듣고 앞뒤 볼 것 없이 매소성으로 달려갔다. 실패에 굴하지 않고 다시 일어서는 권토중래. 원술은 권토중래의 각오로 매소성 전투에서 당나라군을 격파하는 데 큰 공을 세웠다.

매소성에서 대패한 당나라군은 전세를 만회하려고 676년 겨울 서해안을 따라 금강 하구 기벌포로 진격해 왔다. 신라군은 기벌포 전투에서 스물두 차례의 치열한 접전 끝에 당나라군을 격퇴시켰다.

나당 전쟁에 패한 당나라는 신라가 차지한 대동강 이남 지역을 영토로 인정할 수밖에 없었다. 이로써 7년 동안 지속된 나당 전쟁 드라마가 모두 끝나고 마침내 신라는 대망의 삼국 통일 전쟁을 완결 지었다. 당나라에게 주는 교훈 하나. 지나친 것은 모자람만 못하다. 과유불급(過猶不及)! Ⓗ

매소성 전투 현장

삼국 통일 30년史

648년 김춘추와 당 태종 나당 동맹 체결	660년 나당 연합군 백제 공격	668년 나당 연합군 고구려 침공	670~676년 나당 전쟁
★먼저 백제를 치고 그다음 고구려를 치기로 합의 ★그 후 백제 땅과 대동강 이남을 신라에 주기로 밀약	★황산벌 전투에서 계백과 5천 결사대 신라군에 패배 ★사비성 함락, 의자왕 항복, 백제 부흥 운동 실패	★연개소문 세 아들의 내분으로 균열 ★평양성 함락 후 고구려 부흥 운동 실패	★675년 신라군, 매소성에서 20만 당나라군 격파 ★676년 당나라군 기벌포에서 패한 뒤 완전 철수
삼국 통일 전쟁 시작	**백제 멸망**	**고구려 멸망**	**삼국 통일 완결**

늙은 병사의 일기

> 30년 넘게 삼국 통일 전쟁 최전선에서 전투를 치른 어느 늙은 병사의 감수성 넘치는 일기를 단독 입수 했다. 일기 속에는 신라군에서 백제군으로, 다시 당나라군에서 신라군으로 소속이 바뀌며 숱한 죽을 고비를 넘긴 가슴 절절한 사연이 담겨 있다.

642년 8월 OO일 날씨 푹푹 쩜

대야성 함락 뒤 백제군 포로 신세

대야성이 함락되자 나는 백제군 포로가 되었다. 열여섯 나이로 신라 서쪽 최전선인 대야성에 파병 온 지 채 일 년도 못 돼 적국의 포로 신세가 되다니. 이게 다 대야성 책임자 품석 장군 때문이다.

백제 윤충 장군이 대야성을 공격해 온 건 며칠 전이었다. 의자왕은 우리 신라를 못 잡아먹어서 안달이 난 사람처럼 무자비하게 공격을 퍼부어 댔다. 그래도 우리 신라군은 요충지인 대야성을 지키기 위해 온 힘을 다했다. 그런데 김춘추의 사위인 품석이 제 장인 뒷배만 믿고 안하무인으로 행동하다 일을 그르치고 말았다. 품석은 부하인 검일의 아내에 홀딱 반해 그의 아내를 빼앗았다. 그러자 검일이 앙심을 품고 성안의 곡식 창고에 불을 지르고는 백제군에 투항해 버렸다.

그러자 품석은 얍삽하게 자기만 살 요량으로 백제군에 투항했다. 하지만 그의 바람과는 달리 윤충 장군은 품석의 목을 베었다. 그 뒤 신라군은 죽죽 장군 휘하에서 백제군과 끝까지 싸웠다. 하지만 전세는 이미 기운 뒤라 결국 나는 백제군의 포로가 되었다. 신라 화랑도 출신인 내가 임전무퇴 정신으로 싸웠지만, 죽지 못하고 적군의 포로가 된 것이 한스럽다. 사나이로 태어나서 할 일도 많지만 너와 나 신라 지키는 영광에 살았는데, 그래서 서라벌에 있는 부모 형제가 나를 믿고 단장을 이뤘는데, 이렇게 포로가 되다니. 이제 내 운명은 어찌 되는 걸까.

663년 11월 00일 날씨 을씨년스러움

흑치상지 장군 밑에서
백제 부흥군으로

흑치상지 장군이 마침내 당나라군에 항복했다. 흑치상지 장군은 우리 백제 부흥군의 마지막 희망이었는데, 그가 항복하는 바람에 3년 넘게 이어 온 백제 부흥 운동도 막을 내리고 말았다. 백제군에게 포로로 잡혀 왔다가 백제군으로 살아야 했던 지난 20년 세월이 그저 꿈만 같을 뿐이다.

660년 나당 연합군이 쳐들어오면서부터 내 운명의 시계는 다시 꼬이기 시작했다. 나당 연합군이 쳐들어왔을 때 나는 흑치상지 장군과 함께 사비성에 있다가 장군을 따라 임존성으로 들어왔다. 흑치상지 장군은 임존성에서 백제 부흥 운동을 전개했는데, 장군이 워낙 병사들에게 인정과 의리가 많다 보니 그의 이름만 듣고서도 무려 3만 명이나 모여들었다.

백제 부흥군은 쓰러진 백제를 일으켜 세우기 위해 나당 연합군과 치열한 전투를 벌였다. 그 덕분에 임존성 부근 200여 성을 차지한 적도 있다. 하지만 주류성에 있던 복신과 도침 그리고 왕자 부여풍 사이에 내분이 일어나고, 백제를 구원하기 위해 파병된 왜군이 백강 전투에서 대패하는 바람에 부흥 운동이 힘을 잃고 말았다. 그 뒤 흑치상지 장군이 마지막 힘을 다해 임존성에서 항전해 오다 당나라의 회유에 넘어가 끝내 항복하고 말았다.

사랑도 명예도 이름도 남김없이 한평생 나가자던 뜨거운 맹세도 부질없게 되었다. 이제 백제 땅엔 동지는 간 데 없고 허무한 깃발만 나부낀다. 아, 이제 나는 또 항복한 흑치상지 장군을 따라 당나라로 가야 한단 말인가?

668년 9월 00일 날씨 서늘함

평양성 공격 때 당나라군으로 참전

　마침내 당나라군이 고구려 평양성을 무너뜨렸다. 나는 당나라군 소속으로 평양성 전투에 참전했다. 전투에 승리했지만 마음이 편치는 않다. 꽃잎처럼 평양성에 흩뿌려진 고구려 병사들의 붉은 피와 두부처럼 잘린 처참한 병사들의 팔다리를 보니 마음이 너무 아팠다.

　사실 나는 이번 평양성 전투에 참전하고 싶지 않았다. 아무리 내가 당나라에 끌려가 당나라군 병사로 살았지만 고구려를 정벌하는 데 선뜻 나서고 싶었겠나. 하지만 그렇게라도 해서 그리운 삼한 땅으로 돌아오고 싶었다.

　5년 전 나는 백제 부흥 운동이 실패한 뒤 당나라군에 투항한 흑치상지 장군을 따라 당나라로 갔다. 거기서 5년 넘게 흑치상지 장군 휘하에서 당나라군 기병으로 살아왔다. 신라군에서 백제군으로 백제군에서 당나라군으로 소속을 바꿔 가며 살아가는 기분이 썩 좋지 않았지만, 내 고향 서라벌로 돌아가고 싶다는 일념 하나로 버텼다. 그래서 이번 평양성 원정은 묻지도 따지지도 않고 참전했다.

　이제 백제에 이어 고구려도 망했으니 삼국 통일 전쟁은 끝이 난 걸까. 요즘 돌아가는 꼴을 보면 그것도 아닌 것 같다. 삼한 땅 전체를 드시려는 당나라 욕심 때문이다. 아, 제발 당나라군은 자기 나라로 돌아갔으면 좋겠다. 삼국 통일도 알맹이만 남고 껍데기는 갔으면 좋겠다. 서라벌에서 압록강까지 우리 삼한 사람만 남고 모든 당나라 껍데기들은 제발 나가 줬으면 좋겠다.

675년 9월 OO일 날씨 시원함

신라군으로 매소성에서 당군 격퇴!

668년 당나라군 소속으로 평양성 전투에 참전했던 나는 그 후 당나라군을 탈출, 꿈에 그리던 고향으로 돌아왔다. 대야성에서 백제 포로로 끌려간 지 장장 33년 만이다. 고향에 돌아와 보니 그사이 부모님은 돌아가시고 형과 누이는 늙은이가 되어 있었다. 그래도 좋았다. 꿈에 그리던 고향에서 보고픈 형제들과 함께 살게 돼서.

그런데 얼마 전 나당 전쟁이 벌어졌다. 내 이럴 줄 알았다. 나당 전쟁 소식을 듣고 나는 내 조국 신라를 위해 마지막 할 일이 뭘까 생각했다. 나는 당나라군에서 기병으로 평양성 전투에 참전했기 때문에 기병의 장단점을 제대로 파악하고 있다. 그래서 당나라 기병에 어떻게 대비해야 하는지 신라군에 알려 주기로 했다. 그렇게 나는 늙은 몸으로 또다시 매소성 전투에 참전했다.

우리 신라군은 매소성 주위 산성에 진을 치고 있다가 당나라군이 진격해 올 때 4미터가 넘는 장창을 앞세워 당나라 기병이 탄 말을 수없이 쓰러뜨렸다. 이러한 전술 덕에 신라군은 매소성 전투에서 당나라군 20만을 격파했다. 빼앗은 말만 3만 마리가 넘을 정도였다.

30여 년 만에 신라에 돌아와 고국을 위해 작은 힘이나마 보탬이 된 나 자신이 너무 자랑스러웠다. 나 태어나 이 강산에 병사가 되어 꽃피고 눈 내린 지 어언 30년. 무엇을 하였느냐 무엇을 바라느냐 나 죽어 이 강산에 묻히면 그만이지. 아, 다시 못 올 흘러간 내 청춘, 철갑옷에 실려 간 꽃다운 아내 청춘~.

긴 급 토 론

삼국 통일은 대박인가?

- 삼한이 마침내 하나가 되었다. 신라가 삼국을 통일할 수 있었던 요인은 무엇이며, 삼국 통일의 의의와 한계는 무엇인지, 과연 삼국 통일은 대박인지, 삼국 출신의 전문가를 모시고 이야기를 들어 본다.

- **장소** 서라벌 《특종! 달려라 한국사》 편집실
  참석 고구미, 부여퐁, 김춘숙
  사회 달리는 이 기자

신라는 어떻게 삼국을 통일했나

사회자 《특종! 달려라 한국사》 독자 여러분, 그리고 해외에 계신 동포 여러분 안녕하십니까? 지금 한반도는 우리 민족사에 한 획을 그은 삼국 통일로 흥분된 상태입니다. 이에 《특종! 달려라 한국사》는 삼국 통일의 의의를 짚어 보고 향후 우리 역사가 어떻게 전개될지 생각해 보는 시간을 마련했습니다. 오늘 토론을 위해 고구려, 백제, 신라에서 토론자 세 분이 나와 주셨습니다. 아, 통일이 됐으니까 이제 모두 신라인으로 불러야겠군요. 암튼 왕족 출신 세 분을 모시고 삼국 통일의 쟁점에 관해 꼼꼼히 짚어 보도록 하겠습니다. 먼저 신라가 삼국 통일을 할 수 있었던 요인부터 살펴볼까요? 어느 분이 먼저 말씀해 주시겠습니까?

신라 김춘숙

김춘숙 마, 아무래도 정통 신라 사람인 제가 먼저 이야기해야 하지 않을까 싶습니다. 우리 신라가 삼국 통일을 할 수 있었던 건 무엇보다 위대하신 춘추 공께서 삼국 통일에 대한 원대한 꿈을 갖고 탁월한 외교력을 발휘했기 때문이라고 말씀드릴 수 있겠습니다. 춘추 공께서 뛰어난 국제 감각으로 세계 최강인 당나라와 손잡고 백제와 고구려를 뿌싸삔 게 가장 큰 성공 요인이라고 봅니다.

부여풍 고거시 지금 무슨 말씀이신지요? 까놓고 말해서 김춘추가 대야성에서 사위와 딸이 죽은 것에 대한 사적인 복수심에서 시작한 싸움 아닌가요? 똥 마려운 강아지처럼 처음엔 고구려 연개소문한테 갔다가 퇴짜 맞고, 그다음엔 우리랑 친한 왜국에 갔다가 실패하고, 그러다 결국 당 태종한테 가서 손바닥 싹싹 비벼 가지고 당나라 군대 끌어들여 백제에 쳐들어온 거 아닙니까?

김춘숙 마, 위대한 춘추 공께 똥마려운 강아지는 뭐고, 손바닥 싹싹 비볐다는 건 또 뭡니까? 의자왕이 허구한 날 술판 벌이고 궁녀들 끼고 놀다가 나라 망하게 한 건 반성은 안 하고 지금 어디다 화풀이를 하시는 건지요.

사회 아, 시작부터 토론이 너무 과열되는 것 같습니다. 이 자리가 차분히 삼국 통일에 대해서 논의하는 자리니까 서로 토론 예의를 지켜 주시기 바랍니다.

정리하면, 춘추 공이 외교력을 발휘한 덕분이다, 사적인 원한에 사로잡혀 당나라 끌어들여 백제를 망하게 한 거다, 이런 말씀들인데요. 그렇다면 고구미 님은 어떻게 보시는지요.

고구미 내래 나라 망한 처지에 할 말 없습니다만, 따지고 보면 김춘추가 처음부터 삼국 통일에 대한 원대한 꿈이 있었다기보다는 백제 의자왕이 허구한 날 신라를 괴롭히니까 신라가 살아남으려고 발버둥 치다가 결과적으로 삼국 통일이라는 열매를 얻게 된 게 아닌가 생각합니다.

삼국 통일의 의의와 한계

사회 삼국 통일을 바라보는 시각이 출신지마다 상당히 다르군요. 하지만 동기야 어쨌든 김춘추는 야생 연후살타 작전, 즉 내가 살고 난 연후에 적을 친다는 작전으로 당나라군을 빌려 백제를 치고 삼국도 통일한 게 아닐까 싶습니다. 다음은 삼국 통일의 의의와 한계를 한 번 짚어 보겠습니다.

김춘숙 마, 삼국 통일의 가장 큰 의의라면 세 나라가 피 말리는 전쟁을 더 이상 하지 않게 됐다는 점일 겁니다. 삼국은 삼백 년 전 근초고왕 때부터 광개토대왕, 장수왕, 성왕, 진흥왕, 의자왕, 선덕여왕, 태종무열왕에 이르기까지 수백 차례의 전투를 치렀습니

다. 그러다 보니 백성들 고초가 이만저만 아니었지요. 그런데 이제 통일됐으니 삼국 백성들이 합심해 부강한 나라를 만들고 문화도 발전시키고 그렇게 될 것 같군요.

부여풍 고거시 말은 맞는 말인데, 그게 말처럼 간단한 문제가 아닙니다. 삼국이 하나가 되긴 했지만 신라가 당나라군을 끌어들인 대가로 당나라 연호 갖다 쓰고, 조공 더 열심히 갖다 바치고, 복식과 제도도 그대로 따르는 등 친당 정책을 펼치는 바람에 앞으로 당에 대한 예속이 허벌나게 심해질 겁니다. 이것이 우리 역사의 큰 문제가 될 것 같습니다.

고구미 내래 풍 씨 의견에 동의합니다. 통일의 의의가 없지 않지마는 잃은 게 너무 많다고 볼 수 있습니다. 통일이 뭡니까? 영토가 커지는 거 아닙니까? 그런데 지금 신라가 통일하는 바람에 고구려 땅 거의 다 잃고, 삼국 시대보다 오히려 영토가 엄청 줄지

않았습니까? 그러니까 삼국 통일은 플러스가 아니라 마이너스다, 이런 말씀입니다.

사회 고구미 님께서 아주 가슴 아픈 얘길 해 주셨는데, 잃어버린 고구려 영토 부분은 우리 역사에서 두고두고 아쉬움으로 남을 것 같습니다. 삼국 통일의 의의와 한계에 대한 이야기는 이 정도로 끝내죠. 마지막으로 삼국 통일은 대박인가 하는 문제로 토론을 할 텐데, 그전에 토론을 지켜보고 계신 시청자 의견 잠깐 들어 보는 시간 마련하겠습니다. 어디 사는 누구신지, 어느 분에게 어떤 질문을 하실지 말씀해 주시기 바랍니다. 여보세요?

시청자 1 여보세요? 저는 옛날 백제랑 신라 경계에 사는 아무개인데요. 오늘 나오신 세 분하고 또 앞으로 신라를 이끌어 갈 높으신 양반들께 하고픈 말이 있어서 전화했습니다. 저는 두 나라 경계에 살다 보니까 어제는 백제인, 오늘은 신라인 이렇게 국적을 바꾸며 살았어요. 근데 백제로 살든 신라로 살든 우리 같은 평민들은 아무 상관이 없다는 겁니다. 그러니까 어느 나라 백성이냐가 중요한 게 아니라, 얼마나 진심으로 백성을 사랑하는 지도자를 만나느냐가 더욱 중요한 것 같습니다.

사회 백제든 신라든 상관없으니 왕과 귀족들이 정치를 좀 잘 해 달라, 이런 말씀인데요. 상당히 공감이 가는 말씀이군요. 한 분만 더 연결해 보죠. 여보세요? 어디 사는 누구십니까?

시청자 2 안녕하십니까? 서라벌 사는 개똥이 아비입니다. 저는 고구미님께 질문하겠는데요. 저도 그 넓은 고구마 땅, 아니 고구려 땅 잃은 게 가슴 아픕니다. 그런데 고구려는 왜 그때 김춘추 제안을 안 받아 가지고 신라가 당나라와 손잡게 만들어 결국 고구려도 망하게 만들었습니까?

고구미 뼈아픈 지적입니다. 저도 그때 생각하면 가슴이 아픕니다. 김춘추가 군사 빌려 달라고 평양 왔을 때 신라를 도와줬으면 어땠을까, 하는 아쉬움이 있습니다. 그랬다면 우리도 당나라 공격 막아 내고, 신라도 백제 막아 내서 오늘과 같은 사태는 안 벌어지지 않았을까 하는 생각을 합니다. 변명을 하자면, 그때 연개소문이 하도 강경하게 나서는 바람에 평양 회담을 그르친 겁니다.

삼국 통일은 대박일까?

사회 질문에 답이 됐는지 모르겠군요. 그럼 마지막 주제 토론으로 넘어가겠습니다. 요즘 삼국 통일은 대박이다, 아니다 말들이 참 많은데요. 삼국 통일이 후세에 어떤 교훈을 남길지 한 말씀씩만 해 주시기 바랍니다.

고구려 고구미

김춘숙 마, 삼국 통일 대박 맞습니다. 그런데 진짜 대박이 되려면 국론이 분열돼선 안 됩니다. 외세를 끌어들였다느니, 땅이 쪼그라들었다느니 이제 와서 그런 말 하면 안 됩니다. 지금은 모두가 신라가 창조 경제를 실현하고 비정상을 정상으로 만들고 부국 강성 대국을 건설할 수 있도록 신라 정부와 문무왕에게 힘을 실어 줄 때입니다.

부여풍 삼국 통일이 대박이라니, 고거시 지금 무슨 말씀입니까? 삼국 통일은 대박이 아니라 부실 공사입니다. 대박이 되려면 나당 전쟁 때 당나라군을 아쌀하게 거시기해서 신라 땅을 더 넓혔어야 했습니다. 안 그래요?

고구미 내래 같은 생각입니다. 당나라군을 더 밀어붙였어야 했습니다. 대동강 이남만 차지하기로 한 약속 때문에 그러지 못했다고 하는데, 약속을 먼저 어긴 건 당나라 아닙니까? 그러니까 우리도 압록강 건너 요동까지 확 밀어붙였어야죠. 애초에 신라가 삼국 통일에 대한 원대한 꿈을 가지고 시작한 게 아니라, 백제를 무너뜨리는 게 당면 목표이다 보니 그랬지요. 그러니까 삼국 통일은 대박이 아니라 쪽박입니다.

사회 네, 세 분 말씀 감사합니다. 시청자 여러분, 삼국 통일에 관한 토론 잘 지켜보셨나요? 조금 아쉬움이 있지만 삼국이 하나 된 건 큰 의의가 있다고 봅니다. 신라가 나당 전쟁을 벌여 당나라군을 몰아낸 데에도 큰 박수를 쳐 주어야 할 것 같습니다. 그 덕에 삼한 땅은 당나라의 지배를 받지 않고 하나의 영토에서 하나의 민족으로 하나의 문화를 일구어 가는 나라가 되었습니다. 한 가지 다행스러운 점은 옛 고구려 땅에 고구려를 계승한 발해가 건국됐다는 소식입니다. 이제 우리는 남쪽 신라, 북쪽 발해 두 나라가 공존하는 남북국 시대로 접어들었습니다.

아마 21세기 독자들이라면 오늘 삼국 통일에 관한 토론을 보시고 많은 걸 느꼈을 거라고 봅니다. 통일이 진정 대박이 되려면 외세에 의존하기보다는 남과 북이 서로 화해하고 협력해서 경제와 사회를 안정적으로 통합하면서 공동 번영을 향해 나아가야 할 것입니다. 이상으로 '긴급토론, 삼국 통일은 대박인가?'를 모두 마치겠습니다. 토론에 나와 주신 세 분과 늦은 시간까지 시청해 주신 시청자 여러분께 감사드립니다. Ⓗ

삼국통일행사광고

위대한 통일신라 시대로!

오랜 분열 시대를 마감하고 마침내 삼한이 하나가 되었습니다.
이에 신라 왕실 산하 삼국통합준비위원회는 주민 생활 편의를 위해 통일 이후
달라지는 제도를 알려 드리고자 합니다. 아울러 삼국 주민의 진정한 통합을 위해
뜻 깊은 행사를 마련했사오니 신라 주민들의 적극적인 참여를 바랍니다.

사라지는 것 전쟁, 국경, 비자

그대로인 것 언어, 문자, 집

바뀌는 것 국호, 영토, 지방 행정 구역

고구려와 백제의 국호는 신라로 바뀝니다.
신라는 그대로 신라로 씁니다.
영토는 신라 땅에 백제 땅을 더하고
대동강 이남의 고구려 땅이 신라 영토에 편입됩니다.
지방 행정 구역이 9주 5소경으로 확대 재편됩니다.

삼국 통일 기념 축하 이벤트

삼국 통일 4행시 짓기

아래와 같이 삼국 통일을 주제로 4행시를 지어 보내 주세요. 우수작으로 뽑히신 분께는 삼국 탐방 여행권을 보내 드립니다.
예) 삼한이 하나 되어 / 국경이 없어지니
　　 통일이 되었네 / 일통삼한 만세
보낼 곳 서라벌특별왕경 첨성대길 676 삼국통합준비위원회

삼국 통일 백일장

일시 680년 5월 31일 | **장소** 서라벌 안압지 내 임해전
자격 고구려, 백제, 신라 출신을 막론한 남녀노소
준비 지필연묵(한지, 붓, 벼루, 먹)

주관_신라 왕실 산하 삼국통합준비위원회 | 후원_고구려 백제 신라 구 왕실 및 진골 귀족

핫이슈

◆ 달라도 너무 다른 귀족, 평민, 노비의 삶
◆ 불교가 몰고 온 변화의 바람
◆ 백제 장인 아비지의 황룡사 9층 목탑 건축기
◆ 군대 간 가실을 기다리는 설씨의 사랑 이야기
◆ 통일신라 시대 타임캡슐 '신라촌락문서'
◆ 15세 소녀 소희의 즐거운 서라벌 나들이

삼국 시대 사람들은 어떻게 살았을까

삼국 시대 사람들 삶의 질은 구석기와 신석기 시대 사람들보다 월등히 나아졌다. 입는 것, 먹는 것, 사는 곳이 이전 시대보다 훨씬 다양해지고 풍요로워졌다. 하지만 먹고 입고 자고 사랑하고 전쟁을 하며 사는 모습은 수만 년 전과 크게 다르지 않다. 불교를 받아들이고, 사찰에 탑을 세우고, 나라를 지키러 군대에 가고, 서라벌 나들이를 즐기던 삼국 시대와 통일신라 시대 사람들의 일상적인 삶의 모습을 핫이슈에 모두 담았다.

달라도 너무 다른
귀족, 평민, 노비의 삶

삼국 시대와 통일신라 시대는 엄격한 신분제 사회였다. 신분제 사회란 귀족, 평민, 노비, 이런 식으로 신분을 차별하는 사회를 말한다. 삼국 시대에는 귀족, 평민, 노비 이렇게 신분이 나뉘어 있었는데, 그렇다면 이들의 삶은 어떻게 달랐을까.

삼국 시대 슈퍼 갑, 귀족

삼국 시대는 두 부류의 사람이 존재한다. 귀족과 귀족이 아닌 사람. 귀족이 아닌 사람을 다시 평민과 노비로 나눌 수 있지만, 어차피 귀족이 아닌 이상 신분의 차이를 논하는 건 별 의미가 없다. 평민이나 노비나 영원한 을이니까.

여러분도 알다시피 사람 사이에 신분 차이가 생긴 건 청동기 시대부터다. 이때 먼저 사유 재산 제도가 생기고, 그러면서 자연스럽게 신분 차이도 국가도 생겨났다. 아울러 대규모 전쟁도 빈번하게 발생했다. 이건 내가 지난번 《특종! 달려라 한국사》 1권에서 '전쟁이 휩쓸고 간 청동기 마을에서'를 취재할 때 눈으로 직접 확인했던 사실이다. 그때 내가 앞으로 평등이란 단어는 사라지고 지배하고 지배 받는 사회가 될 거라고 우려했는데, 삼국 시대 들어 그 우려가 현실로 나타났다.

그래서 신분이 다른 삼국 시대 사람들이 저마다 어떻게 살아가나 알

쌍영총 부부도
주인 부부가 신발을 벗고 평상에 앉아 있는 그림이다. 옆에는 시중드는 하인을 아주 작게 그려 신분 차이를 나타내고 있다. 평안남도 용강군에 있는 쌍영총 벽화(5세기).

아보기 위해 전국을 돌며 취재에 나섰다. 다녀 보니 신분제는 고구려, 백제, 신라가 거의 비슷했다. 대개 귀족과 평민과 천민 세 부류로 나뉘는데, 왕족이나 부족장, 고위 관리가 귀족에 속하고, 평민은 주로 농민, 천민은 노비였다. 그래서 삼국의 언론 협회에서 신분 용어를 귀족, 평민, 노비로 부르기로 합의했다.

기자가 만나 본 귀족들은 하나같이 자기 신분에 대한 자부심이 대단했다. 고구려에서 만난 한 귀족은 귀족으로서 살아가는 자신의 이야기를 자신 있게 들려주었다.

"귀족의 삶이 궁금하다고요? 귀족은 말 그대로 귀한 족속의 사람들이지요. 태어날 때부터 그런 신분을 타고 납니다. 고구려에서는 왕족과 지방의 부족장 집안 사람들이 귀족에 속합니다. 전쟁에 나가 큰 공을 세우고 귀족이 되기도 하지요. 귀족이 일은 안 하고 농민과 노비들을 부려 먹으며 호위호식 한다고 말들 합니다만, 모르고 하는 소립니다. 우리 귀족은 국가를 이끌어 가는 중요한 일을 합니다. 전쟁도 그중에 하나지요. 우리 귀족들은 병사와 무기를 가지고 전쟁에 나가 누구보다 열심히 적과 싸웁니다. 이렇듯 전쟁을 통해 국가의 땅을 넓히고 포로를 잡아

백제 귀족   신라 귀족

다 국력을 키웁니다. 이렇게 중대한 일을 하다 보니 국가로부터 땅을 하사 받고 세금을 걷을 권리를 가지는 것이지요. 우리 같은 귀족이 국가 경영을 책임지지 않으면 어떻게 농민이고 노비들이고 살아갈 수 있겠습니까. 그러니 우리가 외양간과 마구간과 연못이 딸린 대저택에서 맛난 쌀밥과 고기반찬을 먹으며 비단으로 만든 좋은 옷을 입고 살아가는 건 당연한 일이지요."

농사짓고, 세금 내고, 군대도 가는 농민들

귀족 밑에는 평민이 있다. 평민은 주로 농사를 짓는 사람들인데, 이들의 삶은 팍팍하기 그지없다. 초가집이나 움집에 살며 조그만 자기 땅에서 농사를 짓거나 귀족들의 땅을 빌려 농사를 짓는다. 이들은 수확한 곡식뿐만 아니라 베 같은 것을 짜서 꼬박꼬박 국가에 세금으로 내며, 소금이나 생선, 과실류 같은 지역 특산물을 공물로 바쳐야 한다. 삼국 가운데 그나마 농사를 많이 짓는 백제의 한 농민은 농민으로 살아가는 자신의 처지를 들려주었다.

"농사짓고 세금 내는 건 우리들 몫입니다. 풍년일 때는 그나마 가족들 먹여 살릴 만큼은 되지만 재해로 인해 흉년이 들면 세금 내고 빚 갚고 나면 남는 게 거의 없어요. 그러다 보면 빌린 곡식을 갚지 못해 귀족의 노비가 되거나 집을 떠나 유랑하는 신세가 되고 맙니다. 어디 그뿐인가요. 우리 농민들은 농번기가 끝나면 나라에서 하는 대규모 공사에 끌려가 노역을 합니다. 성을 쌓거나 궁궐을 짓거나 왕의 무덤을 만드는

베 짜는 여인
고구려인은 베옷을 입었고, 또 세금으로 베를 내야 했기 때문에 베 짜는 일은 아주 중요했다. 평안남도 남포시에 있는 대안리 1호분 벽화.

삼국 평민의 옷차림

일이죠. 게다가 3년간 의무적으로 군에 가야 합니다. 군인이 아니더라도 전쟁이 일어나면 군량을 나르는 일에 투입되곤 하지요. 농사짓고 노역하고 군대 가고, 한마디로 일하면서 싸우고 싸우면서 일하는 사람들이 바로 삼국 시대 농민들이랍니다."

위 농민의 말처럼 삼국 시대 농민으로 살아가는 게 쉽지 않아 보인다. 그래서 흉년이 들거나 식량이 떨어지면 국가에 내는 세금을 견디다 못해 노비가 되거나, 그걸 피하려고 집을 떠나 유랑을 하다가 도적떼에 가담하게 되는 일이 빈번히 발생한다. 조금 후대의 일이지만 통일신라 때는 이 같은 농민들이 많아지면서 여기저기서 농민 봉기가 일어나곤 했다.

자유가 없는 삶, 노비

농민의 삶이 아무리 팍팍하다고 하나 노비의 그것과 비교할 수 있을까. 하는 일은 농민과 크게 다르지 않지만 노비에게는 자유가 없다. 신라에서 만난 한 노비는 그러한 자신의 처지를 한탄하며 노비로 살아가는 자신의 비참한 이야기를 들려

조리하는 사람들
고구려 여인들이 부엌에서 불을 떼고, 그릇을 정리하고, 음식을 만들고 있다. 고깃간에는 개·사슴 등의 고기가 갈고리에 걸려 있고, 음식 냄새를 맡은 개 두 마리가 부엌 앞에 어슬렁거리는 모습도 보인다. 황해도 안악 3호분 벽화(357년).

주었다.

"우리 노비들은 귀족 집안의 허드렛일을 하거나 귀족이 소유한 땅에서 농사를 짓습니다. 어떨 땐 힘들게 농사짓고 살아가는 농민보다 나을 때도 있습니다. 집 주인이 먹여 주고 재워 주고 하니까요. 하지만 우리는 사람이 아닙니다. 우리는 주인이 사고팔 수 있는 재산일 뿐입니다. 때리면 맞아야 하고, 일을 시키면 아파도 해야 하는 짐승과 다를 바 없습니다. 사람에게 밥과 자유 중 어느 것이 중요하다고 생각하십니까? 고리대금을 갚지 못해 귀족 집에 팔려오기 전까지는 전 밥이 중요하다고 생각했습니다. 하지만 노비로 3년 살다 보니 사람에게 중요한 건 밥보다 자유라는 걸 깨달았습니다. 흑흑."

얼마 전까지만 해도 삼국 간에 전쟁이 잦아 포로로 끌려와 노비가 되는 경우가 많았는데, 통일이 되고 난 뒤에는 위의 노비처럼 빌린 곡식을 갚지 못해 노비로 전락하는 사람이 늘고 있다. 그런 노비는 점점 더 늘어날 것이다.
　삼국 시대는 분명 1퍼센트의 귀족들을 99퍼센트의 농민과 노비 들이 떠받치고 있는 신분 사회다. 그래서 어떤 사람들은 고대 사회를 노예제 사회라고도 한다. 그렇다면 이처럼 귀족, 평민, 노비로 나뉜 신분제 사회가 언제까지 이어질까. 모르긴 몰라도 통일신라 시대 이후 고려 시대와 조선 시대가 끝날 때까지 이어질 것 같다. 부와 권력과 군사력을 쥐고 삼국 시대 귀족에서 고려 호족으로, 고려 호족에서 조선 양반으로 이름을 바꾼 1퍼센트의 지배층들이 99퍼센트가 떠받쳐 주는 편안한 삶을 결코 포기하지 않을 테니까. Ⓗ

신라만의 독특한 신분 제도, 골품

신라에는 고구려나 백제에 없는 독특한 신분 제도가 있다. 골품 제도다. 골품제는 사람을 나면서부터 '골'과 '품'으로 나누는 제도인데, 부모 양쪽이 모두 왕족이면 성골, 한쪽이 왕족이면 진골, 그 이하 일반 귀족은 6두품 이하에 속한다. 신라는 관직을 맡을 수 있는 자격도 골품에 따라 결정된다. 진골은 최고 신분으로 주요한 관직을 독점한다. 반면 6두품은 제아무리 학식과 능력이 뛰어나도 6등급인 아찬 벼슬까지밖에 오르지 못한다. 그래서 6두품 출신의 설계두는 당나라로 망명해 출세하는 길을 택했고, 역시 6두품 출신인 최치원은 개혁을 이루려다 귀족들 반발에 밀려 산으로 숨어 버렸다. 골품제는 수도인 서라벌 사람과 지방 사람도 차별을 둔다. 지방 촌주들은 서라벌 사람보다 낮은 취급을 받는다. 결국 골품제에 의한 신분 차별은 신라 내부의 갈등을 야기해 신라가 무너지는 하나의 원인이 된다.

등급	경위(京位)	골품별 승진의 상한 | 관복의 색깔			
		진골	6두품	5두품	4두품
1	이벌찬	■			
2	이찬	■			
3	잡찬	■			
4	파진찬	■			
5	대아찬	■			
6	아찬	■	■		
7	일길찬	■	■		
8	사찬	■	■		
9	급찬	■	■		
10	대나마	■	■	■	
11	나마	■	■	■	
12	대사	■	■	■	■
13	사지	■	■	■	■
14	길사	■	■	■	■
15	대오	■	■	■	■
16	소오	■	■	■	■
17	조위	■	■	■	■

종교와 생활

불교가 몰고 온 변화의 바람

삼국에 불교가 전래된 이래 불교는 왕실의 통치 이념이자 민중들의 신앙으로 자리 잡았다.
고구려, 백제와 달리 신라는 불교를 받아들이는 과정에서도 말 못할 아픔을 겪었다.
삼국에 불교가 들어온 이후 불교는 사람들의 삶을 어떻게 변화시켰을까.

부처의 나라를 꿈꾸는 사람들

신라 불교 공인 200주년을 맞은 727년 봄날, 경주 남산을 찾았다. 통일신라 수도 서라벌이 한눈에 내려다보이는 남산에는 바위에 새겨진 80여 점의 불상과 작은 절 100여 개가 산속 곳곳에 자리 잡고 있다. 그 많은 암자와 불상 앞에서 수많은 신라인들이 저마다의 소원을 빈다.

산 아래로 내려다보이는 서라벌 도심에도 수많은 절들이 있다. 이차돈의 전설이 서려 있는 흥륜사, 신라 호국 신앙의 중심인 황룡사, 원효가 불도를 닦았던 분황사 그리고 김대성이 세운 불국사가 기와집 사이사이에 자리 잡고 있어, 이곳이 과연 부처님의 나라를 지향하는 서라벌이라는 사실을 실감하게 한다.

삼국에 불교가 전해진 이래 불교는 급속하게 민중 속으로 파고들었다. 삼국의 불교 수용은 민간보다 왕실이 주도했다. 고구려는 372년 소수림왕 때 중국 승려 순도로부터 불교를 받아들였고, 백제는 384년 침류왕 때 인도 승려 마라난타로부터 불교를 수용했다. 이후 고구려와 백제 왕실은 절을 세우고 불상을 만들고 불법을 전하는 등 불교 전파에 온 힘을 기울였다. 왜 그랬을까.

왕들에게 불교는 더없이 좋은 통치 이념이었다. 불교를 통해 왕이 곧 부처라는 사상을 중국에서 빌려 온 고구려와 백제 왕실은 백성들에게 그 생각을 그대로 적용했다. 그 결과 백성들의 마음을 하나로 모으고 왕권을 강화하는 데 성공했다.

신라의 불교 공인 수난사

　신라도 이웃 나라 돌아가는 사정을 알고 있었기에 왕실 차원에서 불교 수용을 진지하게 고민했다. 5세기 때 신라는 고구려 승려 묵호자로부터 불교를 받아들였다. 하지만 실패였다. 신라는 두 나라와 좀 달랐다. 무엇보다 귀족들의 반발이 거셌고, 민중도 그들이 오랫동안 믿어 온 고유의 민속 신앙을 버리고 선뜻 불교를 받아들이기 힘들었다.

　하지만 6세기에 이르러 법흥왕은 불교의 수용을 더 이상 미룰 수 없다고 판단했다. 불교를 받아들여야 신라도 고구려와 백제처럼 선진국으로 한 단계 도약할 수 있다고 생각했던 것이다. 불교를 통해 왕권을 강화하려 했던 법흥왕의 의도를 누구보다 잘 알고 있었던 귀족들은 목숨을 걸고 불교 반대에 나섰다. 이 때문에 법흥왕은 골머리를 앓고 있었다.

　바로 이때 법흥왕의 측근인 이차돈이 나섰다. 이차돈은 법흥왕이 얼마나 불교를 받아들이고 싶어 하는지 잘 알고 있었다. 그랬기에 그는 귀족들의 반대를 제압할 묘책을 법흥왕에게 제시했다.

　"제가 아침에 죽어 저녁에 이 땅에 불교가 전해진다면 제가 죽는 건 아무 상관없습니다."

　그길로 이차돈은 천경림이라는 숲으로 가 숲 속의 아름드리나무를 베고 절을 짓는 공사를 시작했다. 그곳은 신라 대대로 천신에 제사를 지내는 신령한 숲이었다. 신성한 숲이 파괴되고 있다는 것을 안 귀족들은 노발대발하며 왕에게 달려가 이차돈을 벌하라고 간했다.

　두 손이 뒤로 묶인 채 이차돈이 왕 앞으로 끌려왔다. 법흥왕은 측근인 이차돈을 두둔하지 않고 그 자리에서 죽이라고 명했다. 시퍼런 칼날이 이차돈의 목을 내려치자 하늘에선 꽃비가 내리고 이차돈의 목에선 우윳빛 흰 피가 솟구쳤다. 이어서 하늘이 먹구름에 휩싸이고 땅이 진동했다.

이차돈 순교비

　법흥왕은 복잡한 심정으로 죽은 이차돈을 바라보았다. 며칠 전 자기에게 찾아와 "제가 죽으면 신기한 일이 벌어질 터이니 귀족들도 더 이상 반대하지 못할 것"이라던 이차돈의 말이 생각났기 때문이다. 이차돈의 예언이 사실로 드러나자 귀족들은 이차돈을 벌하라고 했던 자신들이 벌을 받을까 두려워 식은땀을 줄줄 흘렸다. 마침내 527년 이차돈의 순교로 신라에도 불교가 뿌리를 내렸다.

누구나 부처가 될 수 있다는 생각

　늦게 배운 도둑질이 날 새는 줄 모른다고 뒤늦게 불교를 받아들인 신라는 불교를 빠르게 발전시켰다. 진흥왕은 궁궐을 지으려던 터에 동양 최대 사찰인 황룡사를 지었고, 김대성은 그 자체로 하나의 불교 나라인 불국사를 건립했다. 선덕여왕은 신라 주변 나라들을 복속시키려는 염원을 담아 황룡사에 80여 미터의 9층 목탑을 세웠다.
　신라에서 왕실의 통치 이념으로 자리 잡은 불교는 학문과 철학으로 발전했다.

해마다 수많은 불교 유학생들이 당나라에 불교 유학을 떠났다. 원효는 불교를 학문과 철학으로 꽃피운 대표적인 승려였다. 원효는 불교 철학을 발전시킨 데 그치지 않고 왕실과 귀족들의 전유물처럼 여겨지던 불교를 민중들에게 전파했다. 원효는 저자 거리에서 노래하고 춤을 추는 파격적인 방식으로 불교를 전도했다. 그는 사람들에게 "승려가 아니어도 나무아미타불을 외고 공덕을 쌓으면 신분의 귀천에 관계없이 누구나 부처가 될 수 있다."라고 설파했다.

그 후로 불교는 민중 속으로 파고들어 삼국 통일 전쟁으로 다치고 상처 받은 민중들의 영혼을 어루만져 주었다. 사람들은 서라벌의 절을 찾거나 남산의 바위 불상 앞에 가서 두 손 모아 아들딸 낳게 해 달라고 기도하고, 또 현세에는 비록 천한 신분으로 살지만 내세에는 극락왕생하게 해 달라고 빌고 또 빌었다.

신라 불교 공인 200주년, 이차돈 순교 200주년을 맞은 727년. 경주 남산에서 내려다본 서라벌은 그 자체로 하나의 거대한 불교 왕국이다. 하늘의 별처럼 많은 절들이 있고, 기러기가 나는 듯 탑들이 즐비하다. 1천여 년 전 죽은 부처가 다시 살아온다면 이곳이 바로 자신이 꿈꾸던 극락정토라 여기지 않을까. Ⓗ

임신서기석

⭐ 유학도 있다

삼국 시대에는 불교와 함께 유학도 국가를 통치하는 중요한 이념이자 학문으로 자리 잡았다. 고구려는 소수림왕 때 태학과 경당을 설치해 유학을 가르쳤고, 백제에는 오경박사가 있어 유학 경전을 연구했다. 백제는 일본에 천자문과 논어 등 유학을 전해 주었다. 신라에서도 유학은 불교 못지않은 학문이었다. 화랑의 세속 오계에서도 유학의 기본 이념인 충과 효가 제시됐고, 임신서기석이라는 비석에는 친구들끼리 3년간 유학을 열심히 공부하자는 맹세가 기록돼 있다. 통일신라 때는 국학을 설치해 유학을 발전시켰고, 독서삼품과라는 관리 선발 제도를 두어 유학을 공부한 관리를 선발했다. 해마다 유학의 종주국인 당나라에 유학생을 일백 명 넘게 파견해 최치원, 최승우, 최언위 같은 신라 천재들이 외국인을 위한 과거 시험인 빈공과에 합격해 이름을 날리기도 했다.

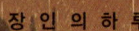

백제 장인 아비지의 황룡사 9층 목탑 건축기

신라 서라벌에 엄청난 건축물이 등장했는데, 그 이름은 바로 황룡사 9층 목탑이다.
이 탑은 높이가 동양 최고라는 것 말고도 신라의 탑을 백제 장인이 세웠다는 사실이
사람들로부터 더 큰 관심을 끌고 있다. 이 기자가 건축 현장으로 달려가 그 사연을 알아봤다.

신라 탑을 왜 백제 장인이?

황룡사는 절터가 2만 5천 평에 이르는 동양 최대 사찰이다. 불교 발원국인 인도나 중국에도 이처럼 큰 절은 없다. 진흥왕은 월성 동궁 남쪽에 대궐을 지으려다 황용이 나타나는 바람에 궁궐 대신 절을 지었는데, 그 절이 바로 황룡사다.

645년 지금 이곳에 또 하나의 건축물이 세워지고 있다. 아직 완성 전이긴 하지만 이 건축물을 일단 황룡사 9층 목탑이라 부르기로 하자.

황룡사 앞뜰. 마침내 위용을 드러낸 9층 목탑이 햇빛을 받아 눈부시게 빛이 난다. 대목장 아비지가 이끄는 건축 인원은 모두 200여 명. 이 목공과 석공 들은 아비지를 제외하고 모두 신라인들이다. 신라 소목장들을 이끄는 건축 책임자는 김춘추의 아버지 김용춘.

신라의 최고 목탑을 백제 장인이 짓고 있는 이유가 무엇일까. 기자는 마침 건축 현장에서 소목장들을 감독하고 있는 김용춘을 만나 그 사연을 들어 보았다.

"신라를 대표하는 목탑이 될 터인데 이토록 역사적인 목탑 건축을 백제 장인에게 맡긴 이유가 뭔가요?"

용춘 공은 흠 하고 한숨을 내쉬더니 대답했다.

"선덕여왕께서 황룡사에 9층짜리 목탑을 지으라고 명하셨을 때 안타깝게도 우리 신라에는 그만한 탑을 지을 대목장이 없었소. 그래 하는 수 없이 목탑의 선진

기술을 보유한 백제에 보물을 싸들고 가서 백제 장인을 초빙한 것이라오."

"백제라면 몇 년 전 대야성에서 용춘 공의 손주 사위와 손녀를 죽인 적국이 아닙니까? 그런데 백제 장인을 모시고 와서 탑을 짓고, 또 그 건축 책임자로 용춘 공이 나서다니요."

"왜 아니겠습니까? 허나 전쟁은 전쟁이고 건축은 건축입니다. 사사로운 감정 때문에 왕명을 받들지 않을 수 없었습니다. 그럼 전 바빠서 이만."

대답을 마친 용춘 공이 건축 현장으로 바삐 걸어갔다. 기자는 한창 마무리 공사가 진행 중인 9층 목탑을 휘 한 바퀴 둘러보았다. 이태 전 처음 기초 공사를 할 때 이곳에 찾아온 적이 있다. 그때 대목장 아비지는 탑의 설계도와 조감도를 기자에게 보여 주었다. 설계도에는 지름 1미터짜리 돌기둥 64개가 사방으로 정연하게 놓여 있었으며, 조감도에는 80미터 높이의 9층짜리 탑이 우뚝 서 있었다. 그때 나는 그 조감도를 보며 지하도 파지 않고 지상 위에 그렇게 높은 목조 건축물을 세우는 게 가능할까 하는 의구심을 가졌다. 그런데 어느새 9층 목탑이 기자의 눈앞에 떡 하고 나타난 것이다. 놀랍다는 말 외에 달리 할 말이 없었다.

동양 최대 최고 목탑이 황룡사에

9층 목탑 안에는 너른 법당이 있고, 1층에서 9층까지 계단이 끊임없이 이어져 있다. 마치 하늘에 닿으려는 염원을 담은 바벨탑을 연상케 했다. 탑 내부에서 생각에 잠겨 있는 자장 법사를 만났다. 자장 법사는 선덕여왕에게 황룡사에 9층짜리 탑을 세워야 한다고 건의한 인물이다. 그러나 왜 그런 건의를 했는지는 여태까지 알려지지 않았다. 나는 그 사연이 궁금했다. 자장 법사는 '이제는 말할 수 있다.'라는 표정으로 그때의 이야기를 들려주었다.

"당나라 유학 중이었어요. 태화지라는 연못의 둑을 거닐고 있었는데, 어디서 신령한 사람이 나타나더니 어떻게 이곳까지 왔냐고 묻더군요. 부처님의 지혜를 구하기 위해서라고 답했지요. 그랬더니 신라에 어떤 어려움이 있느냐고 또 묻더군요. 그래 대답했어요. 신라가 북쪽으로는 말갈에서 남쪽으로는 왜국에 이어져 있고, 이웃한 백제와 고구려가 신라를 자주 침범해 백성들의 고통이 크다고요. 신령은, 신라는 지금 여왕이 나라를 다스리고 있어 덕은 있으나 위엄이 없어 이웃이 침범하는 것이라며, 황룡사에 9층 목탑을 세우고 연등 축제인 팔관회를 열고 갇힌 자들을 풀어 주면 고민이 해결될 거라고 하더군요. 그래 내가 신라로 귀국해 선덕여왕께 탑 건축을 건의 드린 거라오."

아하, 그랬었구나. 나는 자장 법사한테서 신령을 만난 이야기며 그것을 받아들여 탑을 세우게 된 사연을 듣고 참 재미있다고 생각했다. 신라가 이웃 나라 침공 때문에 얼마나 고심했는지를 새삼 느낄 수 있었다. 그리고 부처의 힘으로 국가 위기를 극복하려는 선덕여왕의 고민도 짐작할 수 있었다.

9층 목탑에 숨어 있는 비밀

자장 법사의 건의에 따라 목탑 건축 공사가 시작됐다. 9층이 뜻하는 바는 실로 놀라웠다. 9층 목탑을 세우면 신라에 이웃한 아홉 나라가 감히 신라를 침범하지 못할 것이며 신라에 조공을 바칠 거라고 한다. 1층의 왜국부터 2층 중국 그리고 말갈, 거란, 고구려, 백제에 이르기까지…….

그렇다면 이 탑의 건축을 지휘하는 백제 출신의 아비지는 어떤 생각을 하고 있을까. 마침 탑에서 나와 탑 둘레를 돌아보는 중에 아비지를 만났다. 아비지는 목공들에게 이것저것 주문을 하고 내부에 단청을 칠하는 인부들에게도 이런저런 지시를 하느라 바빴다.

나는 아비지에게 탑을 완성한 소감을 물었다.

"아비지님, 탑이 거의 완성 단계에 이르렀는데 소감이 어떤가요?"

"기쁘기도 하고 걱정도 되고 그렇다오."

"지상 최대의 탑이 완성을 앞두고 있는데 걱정이 되다니요?"

"이 기자도 알다시피 제가 신라의 적국인 백제인 아닙니까? 신라가 이 탑을 왜 세우는지 잘 아니까 그런 거지요. 의자왕의 명으로 신라에 와 공사를 이끌고 있지만 완성을 앞둔 지금까지도 착잡한 마음은 남아 있습니다."

공사 초기 이곳에서 아비지를 만난 적이 있다. 그때 아비지는 나에게 공사를 계속할지 그만둬야 할지 걱정이라며 고민을 털어놓았다. 그때 그가 꾸었다는 꿈 이야기에 그의 고민이 깃들어 있었다.

109

황룡사 9층 목탑 복원 모형

아비지가 탑 기둥을 세우던 날이었다. 아비지는 그날 밤 백제가 망하는 꿈을 꾸었다. 백제 사람이 신라 공사의 책임자로 참여한 부담감 때문이었을 것이다. 그 꿈을 꾸고 난 뒤 아비지는 공사에서 손을 떼기로 마음먹었다. 그러자 갑자기 대지가 진동하고 캄캄해지더니 한 노승과 장사가 법당 문에서 나와 그 기둥을 세우고는 어디론가 사라졌다. 꿈에서 깨어난 아비지는 '이 일은 내가 그만두고 싶다고 그만둘 수 있는 일이 아니구나.'라고 생각했다. 그렇게 마음을 고쳐먹은 아비지는 탑을 끝까지 완성하기로 다짐했다.

그 뒤로 아비지는 고국을 향한 그리움도 잠시 접어 두었다. 백제에 대한 미안함도 신라에 대한 원한도 버렸다. 그래도 어려움은 있었다. 손발이 되어 움직여 주어야 하는 신라 소목장들이 백제 사람인 자신을 탐탁지 않아 했다. 의자왕이 신라의 40여 개 성을 치고 대야성을 함락시킨 게 엊그제인데, 원수 나라의 장인을 데려다 신라 탑을 짓는 게 말이 되냐는 거였다.

아비지는 오로지 탑을 완성시키겠다는 일념 하나로 원망과 시기를 묵묵히 견뎌 냈다. 그렇게 2년의 세월이 흐르고 마침내 거대한 9층 목탑이 서라벌에 모습을 드러냈다. 그동안 아비지를 향했던 시기와 질투도 9층 목탑의 위용 앞에 자취를 감추고 아비지를 칭송하는 소리가 탑 주위에 울려 퍼졌다.

어느새 해가 서쪽으로 지고 있었다. 해에서 뿜어져 나온 붉은빛이 탑을 비추었다. 역광선을 받은 9층 목탑이 유난히 웅장해 보였다. 나는 황룡사에서 나와 서라벌 시내로 발걸음을 옮겼다. 탑에서 멀어질수록 탑 전체의 모습이 온전하게 드러났다. 황룡사 9층 목탑은 낮은 분지에 자리 잡은 서라벌의 건축물 가운데 단연 으뜸이었다.

머리 크다고 공부 잘하는 게 아니듯 탑이 높다고 다 훌륭한 탑이라 할 수는 없다. 하지만 황룡사 9층 목탑은 높이 이상의 가치가 있다. 부처님의 뜻으로 신라를 지키려는 호국 정신, 적국의 장인을 모셔다 완성시킨 포용성이 그 탑에 고스란히 담겨 있는 것이다. Ⓗ

삼국 통일은 9층 목탑의 효험?

신라의 황룡사 9층 목탑은 이웃 나라의 침공을 물리치고 나라를 수호하려는 염원으로 세워졌다. 탑을 세운 효험이 나타난 것일까. 탑이 완성된 이후 신라는 그 바람대로 백제와 고구려를 무너뜨리고 삼국을 통일했다. 만일 아비지가 살아서 신라에 멸망당한 백제의 모습을 보았다면 과연 무슨 생각을 했을까.

황룡사 9층 목탑 수난사

645년 완성된 이후 황룡사 9층 목탑은 수차례 수난을 겪었다. 주로 벼락에 의한 수난이었다. 698년 효소왕 때 벼락 맞은 것을 시작으로 고려 시대까지 모두 다섯 차례 벼락을 맞았다. 그때마다 중건 공사를 해서 원형을 보존해 왔다. 하지만 몽골군의 벼락을 피하진 못했다. 1238년 고려를 침공한 몽골군이 황룡사를 모조리 불태울 때 9층 목탑도 잿더미가 되었다. 이로써 아파트 30층 높이의 동양 최대 목탑인 황룡사 9층 목탑이 지상에서 영원히 사라졌다.

황룡사 터

진짜 사나이

군대 간 가실을 기다리는 설씨의 사랑 이야기

삼국 시대 때는 16세에서 57세의 평민 남자들이 군역을 담당했다. 군 복무 기간은 약 3년 정도. 전쟁이 잦다 보니 군에 간 남자와 남자를 군에 보낸 여자들의 가슴 아픈 이야기가 많다. 〈달려라 라디오〉에서 그 사연을 들어 보았다.

삼국 시대 남자들도 군대 갔을까

이 기자 〈달려라 라디오〉 청취자 여러분, 안녕하십니까? '지금은 삼국 시대, 남자들의 군 생활' 사연을 소개하는 시간입니다. 고구려, 백제, 신라 삼국 모두 전쟁을 치르느라 일반 백성이면 누구나 3년 기한의 군 복무를 의무적으로 마쳐야 하는데요. 오늘은 그로 인해 발생하는 가슴 아픈 사연을 소개해 드리겠습니다. 오늘도 사연 읽어 주는 여자, 사연녀 나오셨습니다. 안녕하십니까?

사연녀 안녕하세요? 사연 많은 여자 사연녀입니다. 가장 먼저 신라 남자의 사연을 소개해 드리겠습니다. 이분은 16세에 군대에 가서 대야성 싸움 때 백제군 포로로 잡혀 갔다가 백제가 망할 때 흑치상지 장군을 따라 당나라로 끌려간 뒤 고구려 평양성 전투 때 참전한, 아주 드라마틱한 삶을 산 군인인데요.

이 기자 혹시 그분 평양성 전투 이후 신라로 도망친 뒤 나당 전쟁에도 참여한 33년 경력의 백전노장 아닙니까? 그분 이야기는 저희가 특집에서 '늙은 군인의 일기'로 이미 다뤘습니다. 다른 사연 소개해 주시죠.

사연녀 아, 네. 그러면 한 고구려 부인이 보내 온 사연을 소개해 드리겠습니다. 흠흠. 저는 원래 고구려 공주였습니다. 제가 어려서 하도 잘 울자 왕이신 아버지께서 그렇게 울기만 하면 바보 온달에게 시집보내 버린다고 하셔서 제가 그 말을 듣고 더 울다가…….

이 기자 저기요. 그분 혹시 평강 공주 아닙니까? 남편은 바보라 불리다가 훌륭한 고구려 장수가 된 온달이고요. 맞지요? 온달과 평강 공주 이야기는 바로 뒤에 '이야기 한국사 극장'에서 다룰 예정이니까 다른 사연 소개해 주시죠.

사연녀 그렇다면 마지막 남은 사연을 소개해 드려야겠군요. 이 기자님, 혹시 가실과 설씨 사연을 아십니까? 모르신다고요? 잘됐네요. 그럼 사연 소개하겠습니다. 흠흠.

늙은이에게 날아든 입영 통지서

〈달려라 라디오〉 청취자 여러분 안녕하세요? 저는 율리 마을에서 홀로 되신 늙은 아버지를 모시고 사는 설씨입니다. 저희 집은 비록 가난했지만 제 미모가 워낙 출중해 동네 총각들은 물론이고 옆 동네 총각들의 시선을 한 몸에 받으며 제 나름대로 행복하게 살았습니다.

그러던 어느 날 저희 부녀 앞에 마른하늘에 날벼락이 떨어졌습니다. 저희 집으로 입영 통지서가 날아온 것입니다. 그걸 받아 들고 저는 옆집으로 갈 게 잘못 온 줄 알았습니다. 왜냐하면 우리 집엔 군대 갈 만한 사람이 없었으니까요. 하지만 그 통지서에 분명히 아버지의 이름이 적혀 있었고, 그 바람에 아버지 근심이 이만저만 아니었습니다.

생각해 보세요. 낼 모레가 환갑인 분이 무슨 군역을 나간답니까. 아버지는 입영 통지서를 보시고, 이 나이에 내가 가리? 하시는 표정이었습니다. 저는 신라 병무청에 찾아가 우리 아버지는 군대에 가기에는 너무 늙으셨다고 하소연했습니다. 그러면서 여자인 제가 군대에 대신 갈 수도 없으니 어떻게 하면 좋겠냐고 물었지요. 군역 담당자는 사정은 잘 알겠지만 병사가 모자라니 어쩔 수 없다고 대답할 뿐이었습니다. 앞길이 막막했습니다. 그렇게 고민하고 있던 어느 날, 한 청년이 저희 집에 찾아왔습니다.

아버지 대신 군대 가겠다는 가실

자신을 사량부에 사는 가실이라고 소개한 청년은 저희 집을 찾아온 사연을 말했습니다.

"제가 비록 가난하고 곤궁하나 의협심은 있다고 자부합니다. 어르신께서 군대에 가시게 되었다는 소식을 듣고 제 마음이 심히 안타까워 이렇게 찾아뵈었습니다. 제가 어르신 대신 군대에 가도 되겠습니까?"

이 나이에 내가 군대 가리? 하며 근심에 싸였던 아버지였지만, 아들도 아닌 남이 대신 군대 가겠다고 하자 선뜻 그 청을 들어 줄 수 없었습니다. 그럼에도 가실 님은 아버지 대신 군역을 가겠다는 뜻을 굽히지 않았습니다. 나중에 알았지만 가실 님은 제가 예쁘다는 걸 알고 이미 오래전부터 저를 짝사랑하고 있었다더군요. 하여간 예쁜 건 알아 가지고.

가실 님이 하도 끈질기게 뜻을 굽히지 않자 아버지도 결국 그 뜻을 받아들이지 않을 수 없었습니다.

"내 자네 뜻은 고맙게 받아들이겠네만 나 또한 그만한 대가를 지불해야 하지 않겠나. 내 딸이 비록 어리고 아무것도 모르나 자네만 괜찮다면 내 딸을 자네에게 시집보내려 하는데 어떠신가?"

아버지 말씀을 들은 가실은 수줍게 웃으며 불감청이언정고소원입니다, 그러더군요. 감히 청하지는 못하지만 제가 바라던 바입니다, 이런 뜻이라나요. 아무리 아버지 대신 군대에 가겠다고 해도 그렇지, 처음 본 남자에게 딸을 시집보내겠다고 한 아버지가 저는 너무 야속했습니다. 하지만 저도 처음 본 가실 님이 싫지만은 않았습니다.

3년이 가고 6년이 가도 오지 않는 가실

그날 밤 가실은 저에게 군대 가기 전에 후딱 혼례를 치르자고 하더군요. 그래 제가 말했지요. 혼례는 인륜대사입니다. 그런 중차대한 일을 번갯불에 콩 볶듯 할 순 없습니다. 제가 이미 가실 님의 아내가 되고자 마음먹은 이상 그 마음 죽어도 변치 않을 것이니 맘 편히 군대 다녀오세요. 그러면서 저는 거울 하나를 가져다 깨뜨려 서로 반쪽씩 나눠 가졌습니다. 이것을 약혼한 신표로 삼고 있다가 훗날 돌아와 맞춰 보면 되지 않느냐고요. 그러자 가실은 자기가 기르던 말을 저에게 주며 잘 길러 달라고 말했습니다.

우리는 그렇게 헤어졌습니다. 가실이 떠나고 꽃이 피고 눈 내리기를 어언 삼 년, 그런데도 가실 님은 돌아오지 않았습니다. 그 뒤로 또 삼 년이 지났습니다.

그때까지도 가실은 돌아오지 않았습니다. 하지만 저는 기다렸습니다. 남자는 배짱 여자는 지조라는 말이 있지 않습니까. 그렇게 오지 않는 가실을 기다리던 어느 날, 아버지가 저를 부르시더군요.

"애야, 3년이면 군 복무를 마치고 돌아온다던 가실이 6년이 지났는데도 돌아오지 않는구나. 내 늙고 병들어 언제 죽을지 모르니 나 죽기 전에 네가 시집가는 게 어떠냐."

저는 대답했지요.

"아버지, 가실 님이 아버지를 대신해 군대 간 걸 벌써 잊으셨어요? 그때 저는 이미 아버지 뜻에 따라 그분과 약혼을 했어요. 가실 님도 저와의 약속을 믿고 그 힘든 군 복무를 하고 있는데, 제가 그 신의를 저버리면 어떻게 해요? 다시는 그런 말씀 마세요."

진심이었습니다. 비록 6년이 지나도 가실이 오지 않았지만 그렇다고 그와의 약속을 헌신짝처럼 버리고 가죽신을 거꾸로 신을 순 없었습니다. 하지만 아버지는 이미 늙고 정신이 어두워져 당신 고집을 꺾지 않으셨습니다. 그러던 어느 날 아버지는 저 모르게 어떤 사내와 저를 혼인시키려고 했습니다. 저는 짐을 싸서 집을 나가려고 했지만 그렇게 되면 늙으신 아버지를 모실 수 있는 사람이 없었습니다. 그래 이러지도 저러지도 못하고 정말 죽고 싶은 심정이었지요.

그날 밤, 그러니까 아버지 맘대로 사내를 불러와 저를 혼인시키기로 한 날, 저는 가실 님과 나눠 가진 거울을 들고 마구간에 가서 말을 보며 펑펑 울었습니다. 가실이 가시렵니까, 나를 버리고 가시렵니까, 하면서요.

그렇게 한참을 울고 있는데 아니 글쎄, 웬 사내가 마구간에 들어서더군요. 저는 혹시나 하는 마음에 눈물을 닦고 그 사내를 쳐다봤습니다. 하지만 그 사내는 얼굴이 몹시 수척하고 차림이 초라해 가실이 같지 않았습니다. 제가 실망하는 빛을 띠자 그 사내가 품에서 거울을 꺼내 제게 보여 주더군요. 그래 저도 거울 반쪽을 꺼내 맞춰 보니 하나로 딱 맞았습니다.

저는 가실 님 품에 안겨 다시 펑펑 울었습니다. 아버지와 집안사람들은 가실 님이 온 것을 알고 매우 기뻐했습니다. 그날 밤 가실 님과 저는 다 차려진 혼례상에 남자만 바꿔서 가실 님과 정식 혼례를 치렀습니다. 그 후로 지금까지 아들딸 낳고 행복하게 살고 있답니다.

신의를 지킨 설씨의 행복

이 기자 오랜 시간 군역의 의무를 져야 하는 삼국 시대 남자들의 애환과 그로 인해 발생하는 아녀자의 슬픔이 짙게 배어 있는 사연이군요. 가죽신 거꾸로 신을 수 없었다던 설씨녀, 정말 멋집니다.

사연녀 군대 가고 헤어지는 일은 삼국 시대 백성이라면 누구나 겪는 아픔이겠지요. 이 두 분은 그래도 살아서 만났으니 참으로 다행입니다.

이 기자 그렇습니다. 삼국 시대를 살아가는 사람들의 병역 이야기 잘 들었고요. 오늘 사연이 소개된 가실과 설씨녀 두 분께는 훗날 《삼국사기》 '열전 편'에 사연이 실리는 행운을 드리겠습니다. 그리고 곡식 30섬과 베 50필을 선물로 드리겠습니다. 이것으로 삼국 시대 사람들의 살아가는 이야기, '지금은 삼국 시대, 남자들의 군 생활' 소개를 모두 마치겠습니다. 지금까지 사연을 들어 주신 고구려, 백제, 신라의 청취자 여러분 고맙습니다. Ⓗ

통일신라 시대 타임캡슐
'신라촌락문서'

《특종! 달려라 한국사》편집실은 신라 정부와 손잡고 사해점촌 마을의 인구 주택 조사를 실시했다. 조사 결과 8~9세기 신라 농촌 마을의 생활상을 낱낱이 파악할 수 있었다. 통일신라 시대 촌락의 살림살이를 잘 보여 주는 조사 보고서인 '신라촌락문서'를 단독 공개 한다.

● '신라촌락문서'란?
  8~9세기 서원경(청주) 근처 4개 촌락의 인구 주택 경제 활동 조사 보고서.

● 촌락문서를 만든 목적은?
  농촌 마을의 인구와 가축, 과실수 등을 정확히 파악해 공정한 세금을 부과하고 노동력을 동원하기 위한 것.

● 촌락문서 조사 방법과 범위
  −공등이라는 인구 조사 및 기록 전문 공무원이 3년마다 직접 촌락을 찾아가 조사. 3년 사이에 인구가 늘거나 줄어든 변동 상황도 자세히 기록.
  −조사 범위는 사해점촌, 살하지촌, 모촌, 서원경모촌 등 서원경 근처의 4개 마을.
  *이번 조사 보고서는 4개 마을 중 사해점촌 마을의 인구와 산업 현황이다.

● 촌락문서 조사 항목
  남녀 인구, 말과 소, 논밭, 과실수 등의 수와 변동 상황.

● 사해점촌 인구 주택 경제 활동 보고서
  −조사 담당 공무원과 함께 사해점촌의 인구와 경제 현황을 조사해 보니 이 촌락은 사방 둘레가 5,725보나 되는 꽤 큰 규모의 농촌 마을로, 인구수는 총 147명이며 과실수도 1천여 그루가 넘는 부촌이었다.

―우리는 이번 조사를 통해 신라 정부가 세금을 걷기 위해 생각보다 꼼꼼하게 사람 수와 가축 수 등을 파악하고 있다는 것을 확인할 수 있었다. 그것은 마치 정확한 세금을 부과하기 위해 직장인의 봉급, 아파트 평수, 자동차 대수, 적금과 예금 현황 등을 깨알같이 파악하고 있는 21세기 대한민국의 국세청과 같다고 할 수 있다. 사해점촌의 구체적인 조사 내용은 다음과 같다.

인 구 ___ 촌락문서에서 가장 자세히 조사한 항목이다. 현재 인구수와 3년 사이의 변동 사항이 정확히 기록돼 있다. 사해점촌의 총 인구수는 147명. 출생과 이사 등으로 3년 전에 비해 15명이 늘었다. 신라는 인구를 남녀노소 기준에 따라 정확히 나눈다. 16~57세의 성인 남자를 정, 성인 여자를 정녀라 부른다. 미성년자 남자 아이는 소자, 추자, 조자로 부르고, 여자는 소녀, 추여자, 조여자로 부른다. 부역에서 면제를 받는 노인들은 제공 또는 노공이라 부른다. 이와 같이 연령 등급을 철저하게 분류하는 이유는 각종 공사에 동원할 수 있는 인원을 정확히 파악하기 위해서인 것으로 추정된다.

우 마 (牛 馬) ___ 소와 말의 수를 토지와 과실수보다 먼저 기재한 것으로 보아 이 마을은 소와 말을 기르는 목축이 무척 중요한 산업이었던 것으로 짐작된다. 이처럼 말과 소의 목축을 중요하게 생각한 데는 말이 군사 물자와 병사들을 나르는 운송 수단으로 중시되기 때문이며, 소는 농사를 짓는 데 매우 중요한 노동력이기 때문인 것으로 추정된다. 사해점촌의 말은 3년 전에 비해 3마리 증가한 25마리, 소는 5마리 늘어난 22마리로 파악됐다.

토 지 ___ 토지는 세금을 걷기 위해 꼼꼼히 파악해야 하는 필수 항목. 사해점촌에는 논이 102결, 밭이 62결이다. 특이한 건 사해점촌의 전체 논 가운데 촌주의 사유지가 약 20%에 해당하는 19결이나 된다는 점. 이 마을 촌주가 상당한 부자라는 걸 말해 준다.

과 실 수 ___ 사해점촌에는 열매를 수확하는 과실수가 1,236그루 있는 것으로 파악됐다. 과실수의 종류로는 뽕나무, 잣나무, 호두나무 등이다. 이처럼 과실수가 많은 것으로 보아 사해점촌이 이 과실을 공물로 바치는 마을인 것으로 추정된다. 다음은 사해점촌의 인구수와 산업 현황 표.

사해점촌 인구수와 주요 산업 현황

항목	수	3년간 증가분	합계
사람	132명	15명	147명
말	22마리	3마리	25마리
소	17마리	5마리	22마리
과실수	1,074그루	162그루	1,236그루
논	102결	변동 없음	102결
밭	62결	변동 없음	62결

● **사해점촌 인구 및 산업 현황 조사를 마치며**

사해점촌의 인구 조사를 통해 몇 가지 중요한 사실을 파악할 수 있었다. 첫째, 신라 정부는 세금을 걷기 위해 촌락의 인구수와 우마의 수, 토지 현황을 정확하게 파악하고 있다는 점. 둘째, 전체 인구 중 정(丁)으로 불리는 16~57세 남자들은 각종 부역과 군역에 동원된다는 점. 셋째, 신라 정부는 3년마다 재조사를 실시해 비교적 정확하게 세금을 부과하려 노력한 점을 엿볼 수 있다는 사실이다. -끝-

화엄경 포장지로 발견된 '신라촌락문서'

'신라촌락문서'는 한 장의 포장지로 발견됐다. 1933년 일본 도다이지의 보물 창고인 쇼소인에서 한 일본인 승려가 화엄경론의 책갑을 수리하고 있었다. 책갑이란 책의 겉장이 뜯어지지 않도록 감싼 종이. 승려는 화엄경을 싸고 있는 포장지를 벗기다가 흥미로운 문구를 발견했다. 자세히 들여다보니 신라 촌락에 관한 내용이었다. 이 포장지가 바로 신라 농촌의 인구와 경제 상황을 파악할 수 있는 '신라촌락문서'였다. 신라민정문서 또는 신라장적으로도 불리는 이 문서는 8~9세기 통일신라 시대 것으로 추정된다.

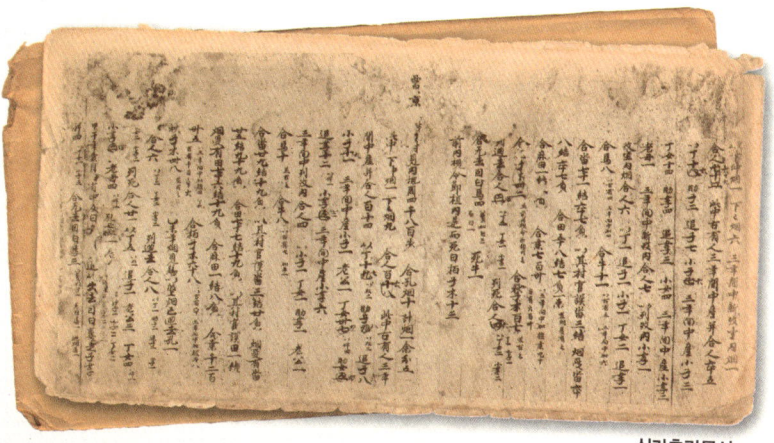

신라촌락문서

15세 소녀 소희의 즐거운 서라벌 나들이

파리의 파리지엔이나 뉴욕의 뉴요커처럼 어느 나라에나 도시의 멋쟁이들이 있다. 신라 수도 서라벌에도 파리지엔이나 뉴요커 못지않은 멋쟁이가 있으니 우리는 그들을 서라벌내기라 부른다. 15세 서라벌내기 소희의 즐거운 서라벌 나들이를 따라가 보자.

'멋 좀 아는' 귀족 집안의 딸

 소희는 꿈 많은 열다섯 살 소녀다. 얼굴엔 아직 앳된 티가 남아 있지만 내년이면 어느덧 성년이 된다. 소희는 서라벌에서도 그 좋다는 금입택에 산다. 금입택은 건물 기둥이나 모서리에 금이나 은으로 된 장식품을 붙인 화려한 기와집을 말하는데, 소희네 집 같은 금입택이 서라벌에만 39채나 된다. 소희가 이렇게 고급 주택에 살 수 있는 건 아버지 덕분이다. 소희 아버지는 신라에서 두 번째로 높은 관직인 이찬이다.

 이른 봄날 아침, 소희네 집안이 분주하다. 마당 청소를 한다, 밥을 짓는다 하며 노비들이 종종걸음으로 움직이고, 아버지는 입궐 준비를 서두른다. 이 시간 집집마다 밥을 짓느라 불을 피우지만 서라벌 기와집 아궁이에선 연기가 나지 않는다. 권세 좀 있다는 귀족 집에선 연기가 나지 않게 숯으로 밥을 짓기 때문이다.

 오늘은 소희가 이웃에 사는 친구와 서라벌 나들이를 하기로 한 날이다. 이런 나들이를 자주하는 건 아니지만 가끔 장이 서는 날을 소희는 놓치지 않는다. 실은 시장도 시장이지만 소희가 나들이에 기대를 거는 이유는 따로 있다.

 아침을 드신 아버지가 집을 나서며 소희에게 너무 늦지 않게 돌아오라며 당부했다. 소희는 여느 날보다 정성들여 몸치장을 하고 집을 나섰다. 기와집 몇 채를 돌고 돌아 친구 집에 다다른 소희는 친구를 불러내 함께 시장 쪽으로 발걸음을 옮

졌다. 친구가 오늘 유난히 기분이 좋아 보인다고 하자 소희는 수줍은 듯 얼굴이 발그스레해지더니 아무 대답이 없다. 나는 속으로 참 좋을 때다 생각하며 몇 걸음 뒤에서 소희와 친구를 따라 걸었다.

서라벌 도심은 기와집 천지이다. 시내 어디에도 초가집 한 채 없다. 시장에 가는 동안 소희네 집 같은 기와집이 잇대어 펼쳐졌다. 시장은 서라벌 중심에서 약간 벗어난 곳에 있다. 오늘 소희가 가는 시장은 동쪽에 있는 동시. 서라벌에는 동시 말고도 남시와 서시가 있는데, 모두 삼국 통일이 되고 난 뒤 생긴 시장이다. 통일 이전에는 서라벌에 시장이 하나밖에 없었다. 그런데 통일이 되고 난 뒤 영토가 넓어지면서 귀족들의 토지도 늘어나고 세금도 더 많이 걷히자, 많은 물품들이 서라벌로 몰려들면서 시장이 잇따라 생겨났다. 지금 서라벌은 당나라 수도인 장안이나 유럽의 심장인 로마처럼 신라에서 가장 화려한 상업 도시이자 소비 도시다.

명품 신상이 넘쳐나는 서라벌 시장

점심때가 되자 시장은 더욱 활기가 넘쳐났다. 소희와 친구는 물 만난 고기처럼 시장 구석구석을 누비고 다녔다. 소희는 비단을 파는 포목점, 토기 가게, 숯가게처럼 매번 같은 물건을 파는 점방들 구경도 좋아했지만, 무엇보다 외국에서 건너

온 물건을 주로 파는 수입품 코너를 특히 좋아했다. 그 까닭이 뭘까?

"좋잖아요. 이 기자님도 이거 한번 보세요. 어여쁜 장신구와 신발, 금은으로 장식한 머리빗과 화려한 색깔의 비단, 아기자기한 도자기……. 아유, 이런 수입 신상들이 쫙 깔려 있으니 좋을 수밖에요. 역시 그릇과 비단은 중국산이 최고라니까. 호호호."

하긴 중국과 일본에서도 알아주는 신라산 놋그릇도 시장엔 즐비하지만 소희 같은 소녀들 눈엔 수입 신상들만 보이는 게 당연할지도 모른다. 또한 시장에서는 서역 상인들이 눈에 띄는 것으로 보아 오늘은 아라비아에서 건너온 유리그릇이며 에메랄드 보석들도 만날 수 있을 것 같다.

오늘은 특별히 청해진에 있는 장보고 선단이 중국에서 들여온 수입품을 선보였다. 장보고 선단은 중국과 일본을 오가며 무역을 하는데, 거기서 들여온 물품을 이렇게 서라벌 시장에 내다 팔기도 한다. 장보고 선단이 수입해 온 금은 공예품이며 금은 벼루 받침, 은으로 만든 수저와 찻잔, 옥으로 만든 목걸이 등은 귀족 부인들이 사족을 못 쓰고 좋아하는 물건들이다. 오죽했으면 834년 흥덕왕이 서라벌 귀족들에게 사치품 금지령을 다 내렸을까.

소희와 친구는 힘들지도 않은지 중천에 뜬 해가 서쪽으로 기울 때까지 시장 구경에 시간 가는 줄 몰랐다. 소희를 따라다니던 나는 너무 시장해서 음식점 코너에서 간단히 요기를 했다. 해거름이 되자 소희는 친구와 함께 수입품 코너에서 예쁜 머리빗을 하나 사서는 시장을 나섰다.

소희는 탑돌이를 하며 무슨 소원을 빌었을까

시장을 빠져나온 두 사람은 한적한 교외로 발걸음을 옮겼다. 탑돌이를 하려고 흥륜사에 가는 길이다. 서라벌 시내에도 이름난 절들이 많지만 소희는 흥륜사를 주로 간다. 이차돈의 순교 덕분에 유명한 절이어서가 아니다. 그곳에 서린 전설 때문이다. 오래전 흥륜사에서 이런 일이 있었다.

화랑인 김현이 흥륜사에서 몇 날 며칠 탑돌이를 하고 있었다. 탑돌이는 탑을 돌며 나라의 안녕과 집안의 부귀영화와 가족의 건강 따위를 비는 의식인데, 김현도 그날 탑을 돌며 대충 그런 기원을 담아 탑돌이를 하고 있었다. 그러던 어느 날 탑돌이를 하던 김현은 한 처자와 눈이 맞았다. 두 사람은 그 자리에서 서로에게 첫눈에 반해 사랑에 빠지고 말았다.

소희와 친구는 김현의 전설을 오래전부터 들어서 알고 있다. 소희가 나에게 말은 안 하지만 아마도 탑돌이를 하며 김현처럼 멋진 낭군을 만나게 해 달라고 비는 건 아닌지 모르겠다.

보름달이 뜬 저녁. 소희와 소희 친구는 두 손을 가슴에 모으고 탑 둘레를 돌았다. 나도 소희를 따라 탑을 돌며 소원을 빌었다. 우리 가족 모두 건강하기를…….

늦은 시각, 탑돌이를 마치고 집으로 돌아오는 길에 소희에게 무슨 소원을 빌었냐고 물었다. 소희는 짓궂은 표정으로 "몰라도 돼요."라며 깔깔 웃었다. 나는 웃는 소희에게 "소희 양은 마음씨도 곱고 얼굴도 예쁘고 집안도 좋으니 소원이 곧 이뤄질 거예요."라고 말해 주었다. 소희는 "아니라오, 아니라오, 그런 것이 아니라오." 하면서도 어느새 얼굴이 발개졌다. 하루 동안의 서라벌 나들이를 마치고 집으로 돌아오는 길. 봉덕사의 맑고 청아한 에밀레종 소리가 열다섯 살 서라벌내기 소희의 얼굴 위로 은은하게 울려 퍼졌다. Ⓗ

소희의 여행정보

서라벌에 오시거들랑 요기요!

화려한 귀족 도시 서라벌. 서라벌 곳곳엔 볼거리가 참 많다. 이름난 탑과 불상이 있는 절에서부터 인공호수가 있는 궁궐까지. 서라벌 멋쟁이 소희가 소개하는 알짜배기 서라벌 여행 정보.

석굴암

석굴암은 돌로 된 굴 안에 부처님 본존불을 모셔 놓은 곳이야. 지을 땐 이름이 석불사였는데 석굴암으로 불려. 중앙에 모셔진 본존불은 부처가 보리수 밑에서 큰 깨달음을 얻은 모습을 표현한 거래. 부처의 오른쪽 손가락이 아래를 가리키는데 이것을 항마촉지인이라고 한대. 악마의 모든 유혹을 물리치는 땅을 가리키는 손가락이란 뜻이야.

분황사

분황사는 634년 선덕여왕 때 세운 절이야. 자장 법사와 원효 대사가 이 절에서 불도를 닦은 것으로 유명하지. 너희들 혹시 분황사 석탑에 대해 들어 봤는지 모르겠다. 분황사 석탑은 돌을 벽돌처럼 다듬어서 쌓은 탑이야. 지을 때는 7층인지 9층이었는데, 21세기에는 3층밖에 안 남아 있을 거야. 너희들이 분황사 탑의 온전한 모습을 볼 수 없어서 내가 다 안타깝단다.

첨성대

첨성대는 선덕여왕 때 만든 천문 관측대야. 천문 관측대란 하늘의 별을 관찰하는 곳을 말해. 별의 움직임을 보고 국가의 길흉을 점치거나 계절과 날짜 돌아가는 걸 알기 위해서지. 높이 9.17미터인 첨성대는 몸통 기단이 모두 27개야. 우연찮게도 선덕여왕이 27대 왕인 것과 딱 맞아떨어져. 그리고 가운데 창문을 기준으로 아래로 12단, 위로 12단인데 그건 1년 열두 달과 24절기를 뜻한대. 지금까지 '멋 좀 아는' 서라벌내기 소희의 서라벌 여행 정보였답니다.^^

이 기 자 의 역 사 유 람

해동성국 발해를 찾아서

고구려가 멸망한 지 30년 만에 고구려 옛 땅에서 발해가 건국됐다.
요즘 신라에서는 발해가 어떤 나라인지, 그곳 사람들은 어떻게 사는지 무척 관심이 많다.
신라인들의 궁금증을 풀어 주기 위해 이 기자가 발해로 역사 유람을 다녀왔다.

국제도시 상경 용천부에서

여행의 참맛은 전날 밤 짐을 꾸리는 데 있다. 지도를 펼쳐 놓고 여행할 곳을 머릿속으로 상상해 보는 것, 이게 바로 여행의 참 묘미일 것이다. 어젯밤 나는 설레는 마음으로 그 묘미를 실컷 맛보다 잠자리에 들었고, 아침에 눈을 뜨자마자 서둘러 서라벌에서 발해로 길을 나섰다.

서라벌에서 발해로 가는 길을 신라도라 부른다. 신라도는 여러분이 아는 동해안 7번 국도를 따라 쭉 올라가면서 강원도와 함경도를 거치고 두만강 건너 발해의 중경과 동경 그리고 수도 상경에 이르는 노정이다.

신라도를 따라 발해 수도 상경 용천부에 이른 것은 서라벌을 떠난 지 약 한 달 만이었다. 말로만 듣던 상경 용천부는 듣던 대로 놀라웠다. 당나라 수도 장안을 본떠 만들었다는 이곳은 바둑판처럼 네모반듯하게 설계돼 있는데, 그곳에 들어선 궁궐,

상경성 터

관청, 집, 절 등의 규모가 서라벌보다 훨씬 크고 웅장했다. 당나라에서 발해를 일컬어 왜 해동성국, 즉 동쪽에 있는 번성한 나라라고 하는지 실감이 났다.

참, 지금 이곳이 언제쯤이냐면 818년 발해 선왕 시절이다. 발해를 말할 때 최고 정점에 있는 전성기 시절이라고 보면 된다.

내가 상경에 와서 가장 인상 깊었던 것은 도시의 도로였다. 상경에는 계획도시답게 10여 개의 큰 도로가 사방팔방으로 쭉쭉 뻗어 있다. 특히 성안의 남북을 연결하는 주작대로는 그 폭이 110미터에 달하는데, 수레 12대가 동시에 지나다니고 그 옆으로 많은 사람들이 지나다녀

선왕 시절의 발해와 신라 지도

도 남을 만큼 무지 넓다. 나는 한동안 그 넓은 도로를 가득 메운 채 분주히 오가는 발해 사람들을 보는 재미에 시간 가는 줄 몰랐다. 도대체 발해는 언제부터 이렇게 규모가 큰 나라가 됐을까?

고구려 장수 대조영, 698년 발해 건국

달리 발해에 대한 정보가 없는 나는 발해 궁정의 주요 관계자를 만나 발해의 역사를 들어 보기로 했다. 그 관계자는 기자에게 오늘날 발해가 성장한 이야기를 요약해서 들려주었다.

발해가 건국한 건 698년, 고구려가 망하고 30년이 되던 해였다. 그해 대조영은 옛 고구려 땅에서 고구려를 계승한 나라 발해를 세웠다. 대조영이 발해를 건국하기까지 우여곡절이 많았다고 한다. 대조영과 아버지 걸걸중상은 고구려가 멸망한 뒤 당나라로 끌려갔는데, 그곳은 요동 지역의 영주라는 곳이었다. 거기서 그들은 여느 고구려 유민들처럼 처참한 생활을 하다가 뜻하지 않게 영주를 탈출할 기회를 잡았다.

발해의 요람 동모산

당시 영주에는 고구려 유민 말고도 거란인과 말갈인 들이 같이 살고 있었는데, 어느 날 거란 추장 이진충이 반란을 일으키자 걸걸중상은 말갈인 걸사비우와 함께 봉기해 당나라군에 맞섰다.

걸걸중상은 고구려 유민과 말갈인을 규합해 동쪽으로 이동하며 요동의 여러 성들을 점령해 나갔다. 그러자 당나라 권력자인 측천무후가 군대를 보내 걸걸중상과 걸사비우 무리를 추격했다. 그런 와중에 걸걸중상이 죽고 걸사비우도 전사했다. 대조영은 남은 무리를 이끌고 동쪽으로 행군한 끝에 백두산 밀림 지대인 천문령에서 당 추격군을 크게 무찔렀다. 그리고 나서 옛 고구려 땅인 동모산 기슭에 마침내 진국을 세웠다.

대조영이 진국을 세웠다는 소문이 만주 땅에 퍼지자 고구려 유민과 말갈인들이 몰려들었다. 대조영이 나라를 세우고 세력을 불려 나가자 당나라도 더 이상 대조영을 무시하지 못하고 발해 군왕이라는 책봉을 내렸다. 마침내 발해 왕으로 인정해 준 것이다.

말갈인 그들은 누구인가

발해를 언급할 때 빠지지 않고 등장하는 민족이 말갈이다. 말갈은 만주 송화강 하류와 흑룡강 이남 그리고 연해주 일대에 살던 족속이다. 이들은 삼국 시대인 5세기에는 숙신, 읍루, 물길로 불리다가 6세기 이후 말갈로 불리기 시작했다. 말갈인은 유목과 사냥을 하며 살았는데, 성질이 사납고 활을 잘 쏘았다고 한다. 고려 시대 이후 말갈은 여진족과 만주족으로 불렸다. 조선 시대에는 여진족 세력이 성장해 후금을 세우고, 후금이 청나라로 이어지면서 중국 역사 무대에 화려하게 등장했다.

대조영 이후 발해는 무왕과 문왕 시기를 거치며 급속도로 발전했다. 무왕은 고구려 옛 땅을 회복해 나갔는데, 요동과 산동 반도를 공격하는 등 당나라와의 전쟁도 불사했다. 그러면서 일본에 보내는 〈국서〉에서 "고구려 옛 땅을 회복하고 부여의 풍속을 잇는다."라고 말할 정도로 발해가 고구려를 계승한 제국임을 당당히 알렸다. 일본에서도 발해에 보내는 사신을 고려 사신이라 칭한 것만 봐도 발해가 고구려를 계승한 나라라는 걸 알 수 있다. 이러한 자신감은 문왕으로 이어졌다.

문왕은 당의 3성 6부 제도를 받아들여 중앙 관직을 정비하고 수도 상경 외에 중경과 동경을 새로 만들었다. 당나라 수도 장안을 본뜬 상경을 만든 것도 문왕 때다. 문왕은 상경을 중심으로 발해 5도를 개척했다. 발해 5도란 상경에서 주변국들로 가는 무역로이자 국제 교류의 길이다. 문왕 역시 발해가 고구려를 계승했다는 것을 천명하고, 자신을 스스로 황제라 칭했다. 무왕과 문왕이 다스리던 시절의 발해는 고구려 광개토대왕과 장수왕 부자의 전성기 시절을 연상케 했다.

하지만 문왕 이후 발해는 내부 분열과 왕위 쟁탈전으로 25년 동안 왕이 여섯 차례나 바뀌는 대혼란이 이어졌다. 그 같은 혼란을 딛고서 818년 선왕이 왕위에 올라 발해를 해동성국 반열에 올려놓은 것이다. 내가 와 있는 지금이 바로 그때다.

견고려사 목간
일본의 옛 왕궁 터에서 발견된 목간이다. 일본은 발해에 보내는 사신을 '고려사'라고 불렀다.

모든 길은 상경으로 통한다

지난번 취재 차 로마에 갔을 때 로마 시민들이 "모든 길은 로마로 통한다."라고 하도 자랑을 해서 부러웠는데, 상경에 와 보니 모든 길은 상경으로 통하고 있었다. 지금 발해에는 수도 상경에서 시작된 다섯 갈래 길이 있다. 이를테면 거란도, 영주도, 조공도, 신라도, 일본도가 그것이다. 이 발해 5도를 따라 사람과 물자와 군사가 드나든다.

발해 5도를 통해 해외로 빠져나가는 수출품은

발해 5도 지도

정효 공주 무덤 벽화
중국 길림성 용두산에 있는 발해 문왕의 넷째 딸 정효 공주의 무덤 벽화이다. 열두 명의 무사, 악사들이 그려져 있으며, 발해 사람들의 모습을 엿볼 수 있는 귀중한 벽화이다.

담비 가죽, 말, 인삼, 매, 다시마, 문어, 발해산 도자기 등 수없이 많다. 당나라에선 발해의 매와 말을 무척 선호한다고 한다. 예전 부여 시절부터 이 지역에서 생산된 말이 유명했고, 해동청이라 불리는 매 또한 그렇다고 한다.

그 가운데 발해의 대표 특산물을 꼽으라면 담비 가죽을 들 수 있다. 족제비 과에 속하는 담비는 윤기가 자르르 흐르는 털로도 유명한데, 그 가죽으로 만든 옷이 해외에서 명품 취급을 받는다. 들리는 소문에 의하면 일본에선 담비 가죽 옷을 입어야 귀족 행세를 할 정도라고 한다.

상경 안에 있는 동시와 서시 두 시장을 둘러보았다. 시장에는 발해산 물건들뿐 아니라 당나라에서 들여온 비단과 도자기 그리고 일본에서 물 건너온 면, 황금, 은 제품들이 활발히 거래되고 있었다. 이러한 모습을 보며 발해가 과연 국제도시구나 하는 것을 실감했다.

성 밖 너른 벌판에서 펼쳐진 격구 경기는 나를 또 한 번 놀라게 했다. 발해 남자들은 공놀이를 즐겨 한다고 한다. 타구와 격구라는 경기인데, 타구는 하키처럼 땅에서 발로 뛰어다니면서 공을 치는 경기이고, 격구는 폴로처럼 말을 타고 긴 스틱으로 공을 치는 경기다. 두 팀이 편을 나누어 격구를 즐기는 발해 젊은이들을 봤는데, 그들의 몸동작에

당나라 격구 그림 〈마구도〉
당나라 황실에서 열렬히 즐겼던 격구의 경기 장면을 생동감 있게 표현한 무덤 벽화이다.

서 강인함과 자신감을 읽을 수 있었다. 발해인들은 이 격구를 무예 연마와 군사 훈련의 일환으로 여긴다고 한다.

그렇다고 발해 젊은이들이 운동과 무예에만 뛰어난 게 아니다. 이미 학문에서도 신라에 버금가는 실력을 발휘한 지 오래다. 그런 사실을 말해 주는 작은 에피소드가 당나라에서 있었다. 827년 당나라 과거 시험에서 오소도라는 발해 출신 유학생이 외국인들이 보는 빈공과 시험에서 수석을 차지했다. 그전까지 빈공과 시험에서 발해를 압도했던 신라로선 큰 충격이었다.

그 일이 있은 뒤 발해 출신 유학생들이 당나라 과거 시험에 더 많이 합격해 신라와 자존심 경쟁을 벌였다. 이러한 경쟁의식은 당나라에서 황제가 사신을 맞을 때 발해 사신을 앞에 세우느냐 신라 사신을 앞에 세우느냐 하는 자존심 싸움으로 번지기도 했다.

지금 발해는 옛 고구려 영토를 회복한 것은 물론이고 고구려의 두 배가 넘는 영토를 차지하고 있다. 서쪽으로는 요하를 경계로 당나라와, 북쪽으로는 흑룡강을 경계로 거란과 흑수 말갈, 동쪽으로는 동해 그리고 남쪽으로는 대동강을 경계로 신라와 맞닿아 있다. 발해가 이렇게 영토와 경제, 학문과 문화면에서 국격을 높이자 당나라에서 해동성국이라는 별명을 붙여준 것이다.

신라도를 따라 서라벌로 돌아오는 길

나는 한 달간의 발해 여행을 마치고 수도 상경을 떠났다. 돌아오는 코스는 상경에서 동경을 지나 중경을 거쳐 남경을 경유해 함경도와 강원도를 따라 남하했다. 그 넓은 땅을 여행하면서 확실히 든 생각 가운데 하나는 발해 사람들은 그들 자신을 고구려 계승자라는 자부심을 가지고 있었다는 점이었다.

흔히 발해를 소수의 고구려 지배층이 다수의 말갈인과 힘을 합쳐

발해를 살려낸 실학자 유득공

조선 후기 실학자 유득공이 《발해고》를 지어 발해가 우리의 역사라고 주창하기 전까지 발해는 딴 나라 역사일 뿐이었다. 유득공은 정조에게 천거돼 규장각에서 학자의 길을 걸으며 발해에 눈뜨기 시작했다. 그는 발해사를 우리 역사 속에 넣을 것을 적극적으로 주장했고, 마침내 발해의 옛 땅을 회복하여야 한다는 생각으로 《발해고》를 지었다. 《발해고》 서문에서 유득공은 "고려 때 발해까지 우리 역사에 넣어 남북국 역사를 썼어야 하는데 그렇지 않았다."라고 한탄하며 "발해를 세운 대조영은 고구려인이고, 발해가 차지하고 있던 땅도 고구려 땅이었다."라며 발해가 고구려를 계승한 나라임을 강조했다.

건국한 나라로 알려져 있다. 당나라는 한 술 더 떠 발해를 아예 말갈인의 나라로 부른다. 신라도 마찬가지다. 발해를 속말 말갈이라 부르며 발해가 고구려를 계승한 대제국이라는 것을 애써 부인하고 있다. 하지만 그건 분명 잘못된 생각이다. 내가 본 발해에서는 고구려 출신과 말갈 출신들이 한데 섞여 고구려를 계승한 나라라는 자부심을 가지고 살고 있었다.

신라로 돌아오는 내내 북쪽에 발해가 있어 다행이라는 생각을 했다. 신라가 삼국을 통일하면서 영토가 외려 삼국 시대 때보다 줄어들어 안타까웠는데, 고구려를 계승한 발해가 북쪽에 버티고 있으니 얼마나 다행한 일인가. 발해와 신라의 경계인 대동강을 건너며 나는 한 가지 궁금한 생각이 들었다. 훗날 역사학자들이 지금 이 시대를 뭐라고 부를까? 혹시 남쪽 신라 북쪽 발해라는 의미로 남북국 시대라 부르지 않을까? 그런 생각을 하며 나는 서라벌로 돌아왔다. H

발해의 영광탑
중국 장백(長白) 조선족 자치현 오지에 서 있는 5층 벽돌탑. 노나라 영광전(靈光殿)처럼 오랜 풍상을 이기며 의연하게 남아 있다고 해서 영광탑이란 이름이 붙게 되었다.

발해 멸망사 ★

698년 건국한 발해는 228년 만인 926년 거란의 침입으로 멸망했다. 발해가 멸망한 이유는 명확지 않으나 대개 내부의 권력 다툼 또는 고구려인과 말갈인의 갈등 때문이라고 알려져 왔다. 하지만 거란의 역사서인 《요서》에 "발해에 내분이 일어 싸우지 않고 쉽게 발해를 차지했다."라고 한 것으로 보아 내분이 패망의 주요 원인인 것으로 보인다.

북방 유목 지대에서 점점 세력을 키워 가던 거란은 926년 당나라로 쳐들어가기 전 배후에 있던 발해 공략에 나섰다. 발해는 거란의 침입으로 한 달이 채 안 돼 멸망했다. 멸망 이후 발해 사람들은 발해 부흥 운동을 벌이기도 했고, 일부는 왕건이 건국한 고려로 귀순했다.

사람과 사람

- 신라 전성기를 이끈 이사부와 거칠부
- 신라 최초 여왕, 선덕여왕
- 신라 불교의 양대 산맥, 원효와 의상
- 비운의 신라 천재, 최치원

환상의 짝꿍

신라 전성기를 이끈
이사부와 거칠부

신라의 전성기는 6세기 진흥왕 시절이다. 진흥왕은 영토 확장을 통해 삼국 통일의 기틀을 마련했다. 진흥왕 시대를 이끈 쌍두마차는 이사부와 거칠부였다. 두 사람은 환상적인 호흡을 보여 주며 신라 전성기를 이끌었다.

꾀 많은 이사부 거칠 것 없는 거칠부

이사부와 거칠부는 신라 내물왕의 후손이다. 이사부가 내물왕의 4대손, 거칠부가 5대손이다. 그런데 두 사람은 원래 성이 김 씨다. 이사부의 이름은 김태종이고, 거칠부는 김황종이다. 하지만 신라에서 한자를 우리말로 옮기면서 이사부와 거칠부라는 이름으로 불렸다.

두 사람이 환상의 짝꿍이 된 건 진흥왕 재위 때였다. 진흥왕을 20자로 평가하자면 "영토 확장을 통해 삼국 통일의 기틀을 마련한 임금"이라고 말할 수 있다. 진흥왕이 그런 영광스런 평가를 받을 수 있었던 건 이사부와 거칠부라는 뛰어난 정치가가 있었기 때문이다.

두 사람이 첫 번째 호흡을 맞춘 건 545년《국사》편찬 작업 때였다. 그 이전 두 사람은 서로 다른 위치에서 능력을 발휘했다. 먼저 이사부는 우산국(울릉도) 정복이라는 눈부신 활약을 펼쳤다. 이사부가 하슬라(강릉)의 군주로 있을 때 지증왕은 이사부에게 우산국을 정벌하라는 명을 내렸다. 수군이 발달하지 못한 신라로서는 동해 건너에 있는 우산국을 정복하는 일이 결코 만만치 않았다. 게다가 우산국 사람들은 거칠고 사납다는 소문이 나 있었다.

하지만 이사부는 꾀가 많은 장수였다. 그는 나무로 만든 사자를 전함에 싣고 우산국으로 향했다. 이윽고 배가 우산국 해안에 닿자 이사부는 "너희가 끝내 항복

울릉도 전경

하지 않으면 이 사나운 짐승을 풀어 짓밟아 버리겠다."라고 으름장을 놓았다. 그 말에 놀란 우산국 사람들은 허겁지겁 항복을 했다.

　이처럼 이사부가 눈부신 활약을 펼칠 무렵 거칠부는 아직 나이 어린 청년이었다. 그 후 거칠부는 고구려를 꺾고 말겠다는 원대한 꿈을 안고 승려 신분으로 몰래 고구려 국경을 넘었다. 그는 불법이 뛰어나다고 소문난 혜량 법사를 찾아가 가르침을 받는 한편, 신라의 첩자로 고구려 염탐에 나섰다.

　하지만 사람 보는 눈이 남달랐던 혜량은 단박에 거칠부가 보통내기가 아니란 걸 알아차렸다. 하루는 혜량이 거칠부를 불러서는 너의 제비턱과 매의 눈을 보아 장차 훌륭한 장수가 될 거라며, 고구려군에게 발각되기 전에 첩자 노릇을 당장 그만두고 어서 이곳을 떠나라고 충고했다. 그길로 거칠부는 신라로 돌아와 관직에 입문했다.

국사 편찬과 영토 확장에 호흡을 맞추다

이렇듯 서로 다른 길을 걸었던 두 사람이 처음으로 호흡을 맞춘 건 진흥왕 때인 545년《국사(國史)》를 편찬할 때였다. 이사부는 진흥왕에게 고구려와 백제가《유기》와《서기》같은 역사서를 편찬한 것을 예로 들며 임금의 잘잘못을 후세에 전하기 위해서는《국사》를 편찬해야 한다고 건의했다.

진흥왕은 이사부의 건의를 받아들여《국사》편찬 팀을 꾸리게 했다. 이때 편찬 책임자로 임명된 사람이 거칠부였다.《국사》편찬 책임자는 당대 최고의 학자이자 문장가가 아니면 맡을 수 없는 자리였다. 거칠부는 유교와 불교에 밝았을 뿐만 아니라 당대 최고의 문장가였다. 이사부는 거칠부의 능력을 익히 알고 진흥왕에게《국사》편찬을 건의했던 것이고, 마침내 거칠부의 손에 의해서 완성되었다.

두 사람은 고구려가 차지하고 있던 한강 상류 지역을 차지하는 데도 함께 큰 공을 세웠다. 진흥왕은 이사부와 거칠부에게 죽령 이북 땅을 정복하라고 명했다. 이사부는 550년 고구려의 도살성(道薩城)을 빼앗는 등 여러 지방을 공격하여 신라의 영토를 크게 넓혔고, 거칠부는 551년 죽령 이북의 고구려 영토 10군을 신라 땅으로 만들었다. 이사부와 거칠부의 맹활약 덕분에 신라는 한강 유역을 처음으로 차지함으로써 삼국 경쟁에서 유리한 고지를 점하게 되었다.

신라 영토 확장의 일등 공신

그 뒤로 두 사람은 비록 함께 호흡을 맞춘 기록은 없지만, 각자 진흥왕의 영토 확장에 뛰어난 업적을 남겼다.

562년 이사부는 진흥왕의 명에 따라 가야 정복에 나섰다. 이때도 꾀돌이 장군 이사부의 전략이 빛을 발했다. 이사부는 화랑 사다함이 선봉장으로 가야의 성을 공격하겠다고 하자, 5천 기병을 내주며 기습 공격 하게 했다. 신라 기병이 갑자기 밀어닥치자 가야군은 우왕좌왕 어쩔 줄을 몰랐다. 그 틈을 타 이사부가 군사를 이끌고 성안으로 들어가 가야를 점령했다. 이로써 신라는 가야 땅이었던 낙동강 하류를 장악해 경상도 남해안에서 함경도에 이르는 넓은 영토를 차지할 수 있었다.

거칠부도 진흥왕의 정복 활동에 둘째가라면 서러울 만큼 큰 역할을 했다. 그 증거가 진흥왕 순수비의 비문이다. 진흥왕은 새로운 지역을 정복할 때마다 그곳에 비석을 세워 자신의 업적을 돌에 새겼다. 그때 정복에 공을 세운 신하의 이름을 함께 적었는데, 창녕과 마운령에 세워진 순수비에 거칠부의 이름이 가장 먼저 새겨져 있다. 이것은 거칠부가 진흥왕의 정복 활동에 가장 큰 기여를 했다는 증거다.

이사부와 거칠부는 진흥왕 대의 가장 영향력 있는 장군이자 정치가였다. 진흥왕이 정복 활동을 벌여 영토를 확장하고 삼국 통일의 기틀을 닦을 수 있었던 건, 바로 환상의 짝꿍 이사부와 거칠부의 맹활약이 있었기 때문에 가능한 일이었다. Ⓗ

마운령 순수비

진흥왕이 이사부와 거칠부에게 보내는 편지

이사부 그리고 거칠부 장군! 짐은 그대들이 있어 너무 행복했소. 내가 일곱 살 어린 나이로 왕이 됐을 땐 너무나 막막했는데, 이사부 장군이 군권을 장악해 나를 도와주어 얼마나 다행이었지 모르오. 또한 그대가 짐에게 《국사》 편찬을 건의해 준 것도 무척 고맙게 생각하오. 그 막중한 임무를 수행한 거칠부 장군에게도 고마움을 전하는 바이오. 그대들이 혼신을 다해 정복 활동을 벌여 준 덕분에 짐은 신라 영토를 가장 크게 넓힌 왕이 될 수 있었으며, 《국사》를 펴낸 문화 임금으로 역사에 길이 남을 수 있을 것이오. 땡큐!

스타인터뷰

신라 최초 여왕, 선덕여왕

"나는 여왕이 아니라 그냥 왕이다"

이런, 여자가 왕이라니!

선덕여왕이 신라 제27대 왕으로 즉위했을 때, 신라는 물론이고 이웃 나라 고구려와 백제에서도 큰 관심거리였다. 그것은 단지 그녀가 여자라는 이유 때문이다.

하지만 신라 왕실은 그녀를 왕의 자리에 앉힐 수밖에 없었던 피치 못할 속사정이 있었다. 진평왕의 뒤를 이을 아들도 사위도 없다 보니 딸인 그녀가 왕 후보에

고구려 연개소문, 백제 의자왕, 당나라 당 태종 같은 영웅호걸이 즐비한 7세기에 동아시아의 스타는 누가 뭐래도 신라의 선덕여왕이다. 왜 그녀가 동아시아의 스타킹인지 그와의 인터뷰에서 해답을 찾아본다.

올랐던 것이다. 신라는 골품제라는 신분 제도가 있어서 이때까지만 해도 부모가 모두 왕족인 성골 출신의 자녀만이 왕이 될 수 있었다. 그런데 당시 남아 있는 성골 출신은 그녀와 사촌 여동생뿐이었다. 그 바람에 마침내 덕만 공주였던 그녀가 왕의 자리에 오르게 된 것이다.

선덕여왕은 안팎에서 암탉이 무슨 정치를 하느냐는 소리를 귓등으로 흘리며 꿋꿋하게 신라를 이끌어 갔다. 철권통치를 휘두르는 고구려 연개소문과 시시때때로 공격해 대는 백제 의자왕의 협공에도 흔들림 없이 신라를 군사와 문화 강국으로 이끌었던 것이다.

고구려와 백제의 협공을 물리친 힘

Q 지금이 647년이니까 여왕님이 왕이 된 지 16년이 흘렀습니다. 그동안 많은 일들이 있었을 텐데, 그 이야기를 하기 전에 먼저 근황부터 좀 전해 주세요.

"이 기자도 알다시피 올해 정월에 상대등 비담이 반란을 일으켰지 않았습니까? 그래 지금 그거 진압하느라 골치가 좀 아파요. 다행히 나의 오른팔과 왼팔인 김춘추 공과 김유신 대장군이 진압에 나섰으니 잘 될 거라고 믿습니다."

Q 으뜸 벼슬인 상대등에 있던 비담이 왜 반란을 일으켰나요?

"여왕이 정치를 제대로 못해서 들고일어났다는데, 기가 막힐 노릇이죠. 군사적으로는 백제와 고구려의 협공을 우리 신라 군사들이 잘 막아 주고 있고, 문화적으로는 분황사에 첨성대에 황룡사 9층 목탑까지 세웠으니, 이 정도면 잘 하는 거 아닌가요? 아무래도 당 태종 때문에 이 난리가 벌어진 게 아닌가 싶어요."

Q 당 태종 때문이라니 그게 무슨 말씀인가요?

"4년 전인가 백제가 하도 신라를 괴롭히기에 당나라에 군사 좀 빌려 달라고 사신을 보냈더니, 아니 글쎄 신라는 여왕이 다스려서 이웃 나라가 깔보는 거라며 자기 왕실 사람을 보내 신라 왕으로 삼겠다지 뭐예요. 그 이야기가 신라에 알려지자 가뜩이나 여왕이라고 나를 무시하던 자들이 부화뇌동해 가지고 지금 이 난리를 치고 있는 거 아닙니까.

Q 당 태종 얘기하시니까 생각나는 게 있어요. 여왕님 즉위 초 무렵에 당 태종이 선물로 모란 그림과 꽃씨를 보내 준 적이 있죠?

"당 태종이 자주색, 붉은색, 흰색으로 그린 모란꽃 그림과 꽃씨를 보냈더군요. 저는 그림에 나비가 없는 걸 보고 단언컨대 이 꽃은 향기가 없을 거라고 말했어요. 그래서 실제로 꽃씨를 심어 꽃을 피워 보니 향기가 안 나더군요."

Q 그 일화로 선덕여왕님의 지혜가 온 누리에 알려져 칭송이 자자했다죠?

"그랬지요. 그런데 별로 기분은 안 좋았어요. 그 그림은 당 태종이 제가 배필이 없는 걸 조롱하기 위해 보낸 것이거든요. 당 태종 참 나쁜 양반이야."

Q 그 그림 사건 말고도 여왕님이 지혜의 여신으로 불리게 된 또 다른 일화가 있다고 들었는데…….

"연못에서 개구리가 떼로 우는 걸 보고 여근곡 계곡에 숨어 있던 백제군을 일망타진한 일과 내가 죽을 연월일을 미리 밝힌 것을 가지고 그러는 모양인데, 그 정도 지혜도 없이 어떻게 16년 동안 왕 노릇 했겠어요?"

Q 신라를 이끌어 가면서 가장 힘들었던 일과 보람 있었던 일은 뭐였나요?

"백제 의자왕과 고구려 연개소문의 협공을 막느라 무지 힘들었지요. 그 때문에 우리는 요충지인 대야성과 당으로 가는 길목인 당항성을 잃었거든요. 그런 위기에서도 저는 외교는 춘추 공에게, 군사는 유신 장군에게 위임해 위기를 타개해 나갔어요. 무엇보다 보람이 컸던 것은 삼국 통일을 기원하는 마음으로 황룡사 9층 목탑을 세웠던 일이지요. 이제 머지않아 신라가 백제와 고구려를 무너뜨리고 삼국 통일의 그날이 올 거라 확신합니다. 그럼 저는 비담 때문에 바빠서 이만."

삼국 통일 계획을 가동시킨 왕

선덕여왕 재위 시절을 통틀어 최대 위기였던 비담의 난은 김춘추와 김유신의 활약에 힘입어 진압되었다. 그 와중에 선덕여왕은 세상을 떠났다. 그녀가 죽고 나서 김춘추는 당나라로 가서 나당 동맹을 맺었고, 나당 동맹에 따라 신라와 당나라 연합군은 660년 백제를 무너뜨리고, 8년 뒤인 668년 고구려를 멸망시켰다. 진흥왕이 삼국 통일의 기틀을 마련한 왕이라면, 선덕여왕은 삼국 통일 프로젝트를 본격적으로 가동시킨 왕이었다.

신라는 선덕여왕이 죽고 나서 십여 년 뒤 삼국을 통일했다. 아마도 나비가 없는 그림을 보고 그 꽃에 향기가 없다는 것을 알아챈 선덕여왕의 지혜와 모든 이웃 나라가 신라에 굴복하기를 염원하며 황룡사 9층 목탑을 세운 덕분이 아닐까. Ⓗ

지혜의 여왕인가 나라 망친 암탉인가

선덕여왕에 대한 《삼국사기》와 《삼국유사》의 평가는 뚜렷이 엇갈린다. 《삼국유사》를 지은 일연은 '선덕여왕이 미리 알았던 세 가지'라는 글을 통해 선덕여왕을 지혜의 여왕이라고 추켜세웠다. 반면 《삼국사기》 편찬자인 김부식은 "신라는 어찌하여 안방에나 있을 할망구를 왕에 앉혀 나라를 위태롭게 만들었을까."라며 "신라가 선덕여왕을 왕으로 삼고도 나라가 망하지 않은 게 다행"이라고 비아냥댔다. 이룬 업적을 가지고 인물을 평가하지 않고 단지 여자라는 이유만으로 비난하는 건 올바른 역사가의 태도가 아닌 것 같다. 하긴 인터뷰에서 자신을 여왕이 아니라 왕으로 불러 달라고 했음에도 줄곧 선덕여왕으로 표현한 내가 할 말은 아니지만.

선덕여왕릉

역사 라이벌

신라 불교의 양대 산맥,
원효와 의상

통일신라 시대 불교계의 라이벌을 꼽으라면 원효와 의상을 들 수 있다. 두 사람은 서로 스타일이 달라 라이벌로 불리지만 사실 가는 길은 같았다. 신라를 불교의 나라로 만들고 상처 받은 신라인들을 열반의 세계로 인도하는 데 두 사람은 일생을 바쳤다.

선의의 라이벌, 원효와 의상

요즘 신라에서 원효와 의상을 모르면 세작이다. 간첩이란 얘기다. 서라벌 저잣거리를 걷다 보면 누구의 불법이 더 높은가를 두고 설전을 벌이는 풍경을 심심찮게 볼 수 있다. 사람들은 저마다 원효가 더 훌륭한 스님이라느니 의상의 불법이 더 높다느니 하며 목소리를 높인다. 이렇게 의견이 갈리는 건 원효와 의상이 여러 면에서 또렷이 다른 모습을 보여 주기 때문이다.

두 사람은 출신 성분부터 다르다. 원효는 지방에서 태어난 6두품 출신이고, 의상은 수도 서라벌에서 태어난 진골 귀족 출신이다. 성격도 전혀 달라 원효가 감성적이고 자유분방한 데 반해, 의상은 이성적이고 착실한 '범생이' 스타일이다. 공부하는 방식도 달랐다. 원효는 독하게 독학하는 스타일이고, 의상은 식견이 높은 스승 밑에서 체계적으로 배우는 스타일이다.

하지만 사람들이 원효 지지파와 의상 지지파로 확연히 갈리게 된 계기는 두 사람이 함께 당나라 유학길에 올랐다가 놀라운 경험을 한 이야기가 전해진 뒤부터다. 서라벌 저잣거리에서 만난 한 장사꾼은 자기도 전해 들은 얘기라며, 원효와 의상이 당나라로 유학 가던 중 겪은 일화를 들려주었다. 물론 이 이야기는 전하는 사람마다 달라서 정확한 내용이라고 단정 짓기는 어렵다.

의상은 가고 원효는 돌아오다

"원효 대사와 의상 대사께서 함께 당나라 유학길에 올랐을 때 일입니다. 두 분이 당나라로 떠나는 배가 있는 항구에 이르기 전 비가 오고 날이 저물어 한 토굴에서 밤을 지내게 되었지요. 그 토굴에서 단잠을 자고 난 다음 날 아침, 원효 대사가 눈을 떠 보니 믿기 어려운 광경이 펼쳐져 있었습니다. 두 분이 잠을 잔 곳은 토굴이 아니라 무너진 무덤이었다는군요. 너무 놀란 두 분은 서둘러 무덤을 빠져나왔는데 밖에는 장대비가 내리고 길은 진창이었다지 뭡니까.

그래 두 대사께서는 하는 수 없이 그곳에서 하룻밤을 더 묵기로 했습니다. 그날 밤 원효 대사는 쉽게 잠을 이루지 못했습니다. 꿈에 귀신이 나타나 밤새 대사를 괴롭혔기 때문이었지요. 잠에서 깨어난 원효 대사는 불현듯 깨달았다고 합니다. '첫날밤은 토굴이라 생각해 단잠을 잤는데, 어제는 무덤이라 생각하니 꿈에 귀신이 보이는구나. 그래 일체유심조, 모든 것이 마음먹기에 달렸도다.' 무덤 사건 이후 원효 대사는 당나라에 도가 있다면 신라에는 왜 없겠냐며 유학을 단념하고 서라벌로 돌아왔고, 의상 대사는 물러서지 않고 당나라로 유학을 떠났답니다."

의상과 헤어지는 원효
당나라 유학길에 의상과 원효가 헤어지는 상황을 묘사한 불교 벽화이다.

원효, 춤추고 노래하며 부처를 찬양

유학을 단념하고 서라벌로 돌아온 원효의 행동은 파격 그 자체였다. 그는 승려 신분으로 저잣거리에서 춤을 추고 노래하며 부처의 말씀을 전했다. 장사꾼, 농사꾼, 가난한 자, 못난 자를 가리지 않고 누구에게나 불법을 설파했다. 원효는 누구나 나무아미타불을 외면 부처가 될 수 있다고 가르쳤다.

그뿐만이 아니었다. 기생집에서 술을 마시고, 여염집에서 잠을 자고, 거문고를 타며 노래를 부르는 등 기이한 행동을 일삼았다. 그러다가도 '필'이 꽂히면 시골에 내려가 몇 날 며칠이고 경전을 파고들었다. 이렇듯 종잡을 수 없는 행동을 하던 원효가 태종 무열왕의 둘째 딸 요석 공주와 사랑에 빠져 아들을 낳은 뒤, 아예 승복을 벗어 버리고 소성 거사(승려 신분을 버린 채 불법을 전하는 사람)를 자처하고 나서자, 온 서라벌이 원효 추종자와 비판자로 갈렸다. 일반 백성들은 대중 속으로 들어온 부처의 모습에 열광했고, 귀족들은 중도 아니라며 혀를 찼다.

원효가 신라에서 신드롬을 일으키고 있는 동안 기어이 당나라로 유학을 갔던 의상은 지엄하신 지엄 대사 밑에서 착실히 불교 공부에 매진했다. 지엄의 수제자로 인정받은 그는 화엄종의 근본 경전인 《화엄경》 연구에 몰두했다. 의상은 그렇게 한 우물만 파다가 10년 만에 귀국했다. 그 뒤 의상은 원효와는 전혀 다른 방식으로 불법을 전했다. 원효가 대중들과 직접 만나 쉽고 친근하게 부처의 말씀을 전했다면, 의상은 제자들과 함께 학문을 연구하는 방식으로 불법을 전했다. 의상은 양양 낙산사, 영주 부석사, 지리산 화엄사, 가야산 해인사 같은 이름난 절이란 절은 다 창건하고 제자 3,000명에게 불법을 전했다.

역대 최다 저술 원효와 간명한 시만 남긴 의상

불법을 배우는 방식과 전하는 스타일이 달랐지만, 원효와 의상 두 사람 모두 부처의 생애와 말씀을 기록한 경전인 《화엄경》 연구를 중시했다. 원효는 《화엄경》

을 가장 중요한 경전으로 여겼고, 의상은 일생동안 《화엄경》을 연구해 '해동화엄종'의 창시자가 되었다. 연구하는 스타일로 봐서 학구적인 의상이 더 많은 연구서를 저술했을 것 같지만 오히려 그 반대다. 원효는 《화엄경소》, 《금강삼매경론》, 《십문화쟁론》, 《대승기신론》 등 240여 권의 책을 쓴 반면, 의상은 당나라 유학 중 60여 권에 이르는 《화엄경》을 단 210자의 시로 간명하게 표현한 〈화엄일승계도〉와 몇 편의 단문이 전부다.

하지만 저술한 책이 많고 적고를 가지고 두 사람을 비교하는 건 의미가 없다. 의상은 당나라 유학 시절 이미 스승을 뛰어넘어 청출어람이란 소리 들었고, 신라 백성들 사이에서 '부처의 화신'이라고 칭송을 받았다. 원효는 훗날 신라뿐만 아니라 당나라와 일본, 인도에까지 이름을 날리는 한국 불교의 대표 승려가 되었다. 불교 대중화에 앞장 선 원효와 의상 두 사람은 서로의 방식을 인정하고 존경하는 선의의 라이벌이었다. Ⓗ

두 사람의 또 다른 점

원효와 의상은 여자를 사랑하는 방식도 달랐다. 원효는 요석 공주가 과부라는 걸 알고 공주와 결혼해 아이를 낳고 싶다는 노래를 만들어 불러 사랑에 골인한 반면, 의상은 당나라 유학 중 자신을 짝사랑한 선묘라는 여인의 마음을 끝내 받아 주지 않았다. 훗날 선묘는 의상이 신라로 돌아올 때 용으로 변신해 안전한 귀국을 도왔고, 부석사를 창건할 때 이를 방해하는 사람들 머리 위로 큰 바위가 되어 날아와 의상이 무사히 부석사를 지을 수 있도록 도왔다.

바위로 변신한 선묘 낭자
선묘 낭자의 도움으로 의상이 부석사를 창건한 상황을 묘사한 불교 벽화이다.

이 기 자 의 인 물 탐 구

비운의 신라 천재, 최치원

열두 살 어린 나이에 당나라 유학길에 올랐던 천재 소년. 당나라에서 과거 급제 후 출셋길을 마다하고 고국 신라를 위해 귀국한 청년. 그동안 알려지지 않았던 최치원의 진면목을 이 기자의 인물 탐구에서 만나 본다.

어린 시절 학문을 좋아한 열두 살 천재 소년

최치원은 네 살 때 글을 배우기 시작해 열 살 때 사서삼경을 읽은 천재 소년이었습니다. 이러한 아들의 재능을 일찍이 파악한 아버지는 최치원이 열두 살 되던 해 당나라로 조기 유학을 보냅니다. 아버지는 어린 아들을 홀로 떠나보내는 것도 모자라 냉정하리만큼 차가운 말을 던집니다.

"10년 안에 과거에 합격하지 못하면 너는 내 아들이 아니다."

아버지는 왜 그렇게 모질게 말을 했을까요? 그건 아마도 아무리 똑똑하더라도 신분제가 엄격한 신라에서 6두품 출신인 아들이 성공하기 쉽지 않다는 것을 너무나 잘 알고 있었기 때문에, 더 넓은 세상인 당나라에서 더 크게 성공하기를 바라는 마음에서 그런 말을 했던 게 아닐까 싶습니다.

소년 최치원은 아버지의 기대에 부응해 불철주야 열심히 공부했습니다. 쏟아지는 잠을 쫓기 위해 가시로 살을 찌르며 글을 읽기도 했습니다. 이런 노력 덕분에 유학 간 지 6년 만에 외국인을 위한 과거 시험인 빈공과에 당당히 급제합니다.

훗날 최치원이 귀국할 때 최치원과 친하게 지내던 당나라 사람은 다음과 같은 시를 지어 주며 이별을 아쉬워했습니다.

"열두 살에 배를 타고 바다를 건너와/ 중국의 온 나라를 문장으로 울렸다네./ 열여덟에 문단 싸움 휩쓸고 다니면서/ 첫 화살로 과녁 맞히듯 급제했네."

중국 땅에 문을 연 최치원 기념관
최치원은 고국인 신라보다도 당에서 더욱 실력을 인정받았다. 중국 장쑤 성 양저우 시.

청 년 시 절 반란군 수괴를 깜짝 놀라게 한 문장가

최치원의 문장 실력은 황소의 난을 진압하는 과정에서 더욱더 빛을 발합니다. 과거에 급제한 최치원은 당나라의 관리로 공무원 생활을 시작합니다. 그러던 중 황소라는 자가 반란을 일으키자 반란군 진압에 나선 고변의 종사관으로 토벌에 나섭니다. 고변의 서기 역할을 맡은 최치원은 '황소를 토벌하는 격문'이라는 제목의 글을 써서 반란군 수괴인 황소에게 보냅니다.

"온 천하 사람이 너를 죽이려 할 뿐 아니라/ 지하의 귀신들도 너를 죽이려 이미 논의했을 것이다./ 너는 미련한 짓을 하지 말고/ 일찍 기회를 보아 잘못을 고치도록 하라."

전하는 말에 따르면 이 글을 읽은 황소가 너무 놀라고 두려워 침상에서 굴러 떨어졌다고 합니다. 황소의 난이 진압 된 후 당나라 사람들은 "황소를 격퇴시킨 것은 칼이 아니라 최치원의 글"이라며 최치원을 칭송했습니다.

뛰어난 학문으로 과거에 급제하고 칼보다 강한 문장으로 난을 진압하는 데 공을 세운 청년 최치원. 하지만 그는 출셋길을 마다하고 고국 신라로 귀국합니다.

관리 시절 혼란 속에서도 굴하지 않는 개혁가

당나라에 있을 때 최치원이 지은 '추야우중(비 내리는 가을밤에)'이라는 시에 출세가 보장된 당나라 생활을 접고 귀국을 결심한 그 해답이 있을지 모릅니다.

"가을바람에 괴로이 부르는 노래/ 세상에 나를 알아 줄 벗이 적구나./ 창밖엔 쓸쓸히 밤비 내리는데/ 등 앞의 외로운 마음 만 리를 달리네."

밤비 내리는 가을밤, 고국을 그리는 마음을 절절하게 표현한 시인데요. 그렇다고 최치원이 신라로 돌아온 게 외로움 때문만은 아닙니다. 그는 하루빨리 고국으로 돌아가 당나라 유학에서 배운 것을 마음껏 펼쳐 보이고 싶었던 것입니다.

부푼 꿈을 안고 신라로 돌아온 최치원은 한림학사로서 당나라에 보내는 외교 문서를 작성하는 관리로 첫발을 내딛습니다. 그런데 그를 믿고 지지해 준 헌강왕이 죽자 그는 곧바로 지방 관리로 밀려나고 맙니다. 서라벌의 귀족들은 신라를 개혁하려는 최치원이 달갑지 않아 그를 시기하여 외직으로 밀려나게 한 것입니다.

최치원이 귀국한 9세기 말의 신라는 급격히 무너져 가고 있었습니다. 중앙에서는 귀족들이 왕위 쟁탈전을 벌이고, 지방 호족들은 경제와 군사력을 길러 중앙 귀족들을 위협했습니다. 관리들의 가혹한 수탈에 시달리다 못한 농민들은 곳곳에서 난을 일으켰습니다. 이렇듯 신라가 위기에 처하자 진성여왕은 지방으로 밀려나 있던 최치원을 중앙으로 불러들입니다.

상서장
최치원이 머물며 공부하던 곳이다. 상서장은 왕에게 글을 올린 집이라는 뜻이다.
경상북도 경주시 인왕동.

개혁 실패 이후 버리고 떠날 줄 알았던 영원한 자유인

진성여왕의 부름을 받은 최치원은 무너져 가는 신라를 개혁하기 위해 시무 10조를 올립니다. 시무책(時務策)의 내용이 밝혀지진 않았지만 고질적인 신분 제도의 병폐를 개혁하고 백성들을 편안케 하는 개혁안이었을 것으로 예상됩니다.

진성여왕은 최치원이 올린 개혁안을 받아들이는 한편 최치원에게 6두품이 오를 수 있는 으뜸 관직인 아찬 벼슬을 내려 개혁에 힘을 실어 줍니다. 하지만 이번에도 자신들의 기득권을 지키려는 귀족들의 거센 반발로 개혁안은 끝내 실행되지 못합니다.

귀족들의 노골적인 방해에 직면한 최치원은 과감하게 모든 것을 버리고 서라벌을 떠납니다. 그때부터 그는 세속과의 인연을 끊고 산과 강 그리고 숲과 바다를 찾아다니며 책을 벗 삼아 자연을 노래하는 자유인으로 살아갑니다. 부산의 해운대도 이 무렵 최치원과 인연이 있는 곳입니다. 동백섬을 거닐던 최치원이 그곳의 절경을 보고 감탄하여 동쪽 절벽 바위에 자신의 자를 따 '海雲臺(해운대)'라고 새긴 데서 지명이 유래했다고 합니다.

말년에 최치원은 가족을 이끌고 가야산의 해인사로 들어갔습니다. 그곳에서 그는 마음 맞는 벗들과 함께 은거 생활을 했습니다. 최치원은 그렇게 모든 영광과 좌절을 뒤로한 채 가야산 신선이 되어 우리 곁에서 사라졌습니다. Ⓗ

해운대 동백섬 전경

이야기한국사극장

바보 온달과 평강 공주

1.
 이 이야기는 지금까지 내가 들었던 그 어떤 이야기보다 슬픈, 단군 이래 가장 가슴 아픈 사랑 이야기다.

2.
 3월 3일 아침. 평양에서 말깨나 타고 활깨나 쏜다 하는 젊은이들이 낙랑 언덕으로 모여 들었다. 고구려에서는 해마다 이때쯤 이곳에서 사냥 대회를 열고 사냥한 짐승들로 하늘과 신령께 제사를 지내는 풍속이 있었다. 이날은 고구려 젊은이들이 저마다 갈고 닦은 활 솜씨를 뽐내는 날이기도 했다.
 둥둥둥. 북이 울리자 고깔 모양의 절풍을 머리에 쓰고 활집을 어깨에 둘러맨 젊은이들이 숲 속으로 말을 달렸다. 수많은 젊은이 중에서 유독 앞서 달리는 청년이 있었다. 그가 쏜 화살에 멧돼지며 사슴이 픽픽 쓰러졌다. 말 타기든 활쏘기든 그 청년을 당해 낼 자가 없었다.
 평원왕과 5부의 귀족들은 유달리 눈에 띄는 그 청년을 예의 주시하고 있었다.

사냥이 끝나자 평원왕이 청년을 데려오라 명했다. 불려온 청년은 늠름한 모습으로 왕 앞에 섰다. 평원왕은 청년의 딱 바라진 어깨와 꼿꼿한 몸을 한 번 쓱 훑어보고 나서 물었다.

"장하도다! 그대 이름이 무엇인고?"

청년은 낮지만 또렷한 목소리로 대답했다.

"온달이라 하옵니다."

평원왕의 얼굴에 놀라는 기색이 역력했다. 평원왕은 자기 앞에 서 있는 청년이 온달이라는 사실에 놀랐고, 그 온달이 사냥 대회에서 1등을 한 것에 또 한 번 놀랐다.

'온달이라……. 내가 알던 온달이 바로 이 자란 말인가.'

3.

몇 년 전까지만 해도 온달은 국가 대표 바보였다. 몸은 야위어 구부정하고 얼굴은 수척했다. 어려서 아비를 여읜 탓에 집안 형편이 몹시 가난했다. 온달은 시장을 돌아다니며 밥을 빌어다 늙고 눈먼 어미를 봉양했다. 평양 사람들은 해어진 옷과 신발을 신고 다니며 밥을 빌어먹는 온달을 바보 온달이라 불렀다. 아니 놀렸다.

그러던 어느 날, 바보 온달 집에 한 여자가 찾아왔다. 그날 온달은 식량이 없어 느릅나무 껍질을 구하러 산에 가고 없었다. 여인은 온달 어머니에게 다가가 인사를 한 뒤 온달을 만나러 왔다고 말했다. 온달 어머니는 눈이 멀었지만 자기 앞에 서 있는 여인이 여염집 규수가 아니란 걸 금세 알아챘다.

"뉘 말을 듣고 내 아들을 찾아왔는지 모르지만 내 아들은 누추하고 비루하여 그대가 만날 위인이 못됩니다. 그대의 향기를 맡아 보니 귀한 신분의 아가씨인 듯하니 예서 이러지 마시고 어서 돌아가시오."

하지만 여인은 돌아가지 않고 집 문 앞에 서서 온달이 오기만을 기다렸다. 하지만 한참을 기다려도 온달이 돌아오지 않자 여인은 온달을 찾아 산으로 갔다. 날이 저물 무렵 저쪽에서 나무를 멘 온달이 걸어오는 게 보였다. 여인은 온달에게 다가가 자기를 거두어 달라고 간청했다.

외딴 산속에서 젊고 아리따운 여인이 느닷없이 나타나 자기를 거두어 달라는 말을 듣고 온달은 그녀가 여우 아니면 귀신이라고 생각했다. 그 모습을 보고 여인은 온달에게 자기가 이 먼 곳까지 찾아온 사연을 들려주었다.

"저는 평원왕의 딸 평강 공주입니다. 제가 어려서부터 시도 때도 없이 울자 아바마마께서는 농담 삼아 이런 말씀을 하셨습니다.

'네가 이렇게 울기를 잘해 내 귀를 솔게 하니 필시 귀한 집에 시집가기는 그른 것 같구나. 자꾸 울면 바보 온달에게 시집보낼 테다. 허허.'

그 후로 저는 그 말을 귀가 따갑게 들으며 자랐습니다. 그런데 제가 열여섯 살이 되자 아바마마는 저를 고관대작 집안인 상부 고씨의 대장군 자제에게 시집보내려 하셨습니다. 하지만 저는 끝끝내 대장군의 아들 흠덕에게 시집가지 않겠다고 버텼습니다.

'아바마마, 어려서부터 저를 바보 온달에게 시집보낸다고 하신 말씀을 잊으셨나요? 보통 사람들도 거짓말을 해서는 안 되는데, 어찌 나라의 임금이 두 말을 하십니까? 저는 결코 아바마마의 뜻을 따를 수 없습니다.'

제 말에 아바마마는 버럭 화를 내시더니 말씀하셨습니다.

'그 말을 믿었단 말이냐? 정히 네가 이 아비 말을 듣지 않겠다면 이제부터 너는 내 딸이 아니다. 그러니 네 갈 길을 가거라.'

그렇게 해서 제가 지금 온달님을 찾아온 것입니다. 부디 저를 받아 주십시오."

온달은 예쁘고 맘씨 고와 보이는 공주가 싫지 않았다. 아니 하늘을 날아갈 듯이 기뻤다. 그래서 공주와 함께 살기로 했다. 평강 공주는 궁궐에서 나올 때 가져온 황금 팔찌를 팔아 집도 사고 밭도 사고 소와 말도 샀다.
　한편 평강 공주는 온달에게 말 타는 법과 활 쏘는 법, 병법과 글을 가르쳤다. 공주의 헌신적인 보살핌과 노력 덕분에 어느덧 바보 온달은 바보 태를 벗어 던지고 늠름한 청년으로 변신했다. 그리고 마침내 고구려 젊은이들이 사냥 솜씨를 뽐내는 낙랑 언덕 사냥 대회에 참가해 두각을 드러냈다.

4.

　평원왕은 사냥 대회에서 발군의 실력을 발휘한 온달을 장수로 임명했다. 그때였다. 구경하는 백성들 사이에서 젊은 여인 하나가 달려왔다.
　"아바마마, 소녀 평강이옵니다."
　광장을 가로질러 달려온 여인은 바로 평강 공주였다.
　"오, 평강아! 어디 보자."
　평원왕은 감격에 겨워 말을 잇지 못했고, 온달과 공주는 기뻐서 어쩔 줄 몰랐다. 평원왕은 이참에 온달을 사위로 삼으려 했다. 하지만 대장군과 그 추종자들의 반대로 다음 사냥 대회에서 최종 승자를 사위로 삼기로 했다.
　마침내 낙랑 언덕에서 또다시 사냥 대회가 열렸고, 예상대로 온달과 상장군의 아들 흠덕이 마지막까지 말을 타고 격투를 벌인 끝에 온달이 최종 승자가 되었다. 평원왕은 낙랑 언덕에 가득 모인 군사들과 백성들을 바라보며 큰 목소리로 외쳤다.
　"여봐라! 온달은 오늘부터 과인의 사위니라."
　그 후 평양성에는 급보가 전해졌다. 후주라는 나라의 황제 무제가 요동을 침략했다는 소식이었다.
　"부인, 이번 전쟁에 출전하여 내 반드시 공을 세워 보란 듯이 고구려 최고의 장수가 되겠소."
　온달은 평강 공주에게 그 말을 남기고 전쟁터로 나갔다. 온달과 고구려 기병은 배산

벌판에서 후주 군대에 맞서 한 치의 물러섬도 없이 용맹하게 싸웠다. 온달은 선봉이 되어 적병 수십여 명의 목을 순식간에 베었다. 그 모습에 사기가 오른 고구려 군사들은 더욱 힘을 내서 싸웠고, 그 반대로 후주의 군사들은 맥없이 무너졌다.

전쟁에 이기고 돌아와 전공을 논하는 자리에서 평원왕은 신하들에게 누구의 공이 제일 크냐고 물었다. 신하들은 이구동성으로 온달의 공이 제일 크다고 말했다. 평원왕은 매우 흡족해하며 큰 소리로 외쳤다.

"온달을 대형에 임명하노라!"

대형은 고구려 군사를 책임지는 막중한 자리였다. 사람들은 전쟁에 나가 큰 공을 세운 온달을 입에 침이 마르도록 칭찬했다. 한편에선 천한 신분의 온달에게 높은 벼슬을 내린 것을 두고 말들이 많았지만 평원왕은 개의치 않았다. 평강 공주는 평원왕이 자신과 온달을 인정해 준 것이 무엇보다 기뻤다.

5.

그러던 어느 날 평원왕이 죽었다. 온달은 자기를 사위로 인정해 주고 장수로 임명해 준 평원왕의 은혜에 보답할 기회가 사라진 것이 몹시 슬펐다. 그래서 평원왕에 이어 왕이 된 평강의 오라버니 영양왕에게 간청했다.

"폐하, 우리 고구려는 무슨 일이 있어도 반드시 한강을 차지해야 합니다. 저에게 군사를 내주신다면 한강에 있는 신라군을 몰아내고 죽령과 하늘재까지 우리 고구려 땅으로 만들어 놓겠습니다."

영양왕은 기꺼이 온달의 제안을 받아들였다. 온달은 남쪽으로 출전하기 전 평강에게 말했다.

"나는 고구려의 장수요. 장수는 당연히 전장에 나가야 하고, 나가서는 반드시 이겨야 하오. 그러니 부인께서는 아무 걱정 마시고 내가 승리해서 무사히 부인 곁으로 돌아올 수 있게 열심히 기도해 주시오."

그길로 온달과 고구려군은 한강을 차지하고 있던 신라군을 파죽지세로 몰아붙여 충청도 단양 지방까지 진출했다. 온달은 곧바로 군사들에게 단양 남한강 가의 높다란 곳에 산성을 쌓도록 지시했다. 성을 쌓는 동안 평강은 여러 차례 편지를 보내왔고, 온달 또한 꼬박꼬박 답장을 보냈다.

"찬바람이 불기 전에 이곳 산성 일도 끝날 것이오. 우리가 얼마나 튼튼하고 아름다운 성을 쌓았는지 부인께 꼭 보여 주고 싶소. 성이 완성되면 군사를 보낼 테니 함께 오시오. 성을 구경하고 나서 나와 함께 평양으로 개선합시다."

온달의 편지를 받고 평강은 뛸 듯이 기뻤다. 하지만 그때 신라군이 물밀듯이 산성으로 밀고 올라오고 있었다. 산성을 두고 고구려군과 신라군은 한 치도 물러섬 없이 치열하게 싸웠다. 그때였다. 어디선가 화살 하나가 슝! 하고 날아오더니 온달의 가슴에 정확히 꽂혔고, 온달은 살며시 고개를 들어 하늘을 쳐다보는가 싶더니 그대로 숨을 거두었다.

그런데 이상한 일이 벌어졌다. 부하들이 온달을 장사지내려는데 관이 움직이지 않았다. 그 소식을 듣고 평강이 부랴부랴 단양으로 달려갔다. 평강은 온달의 관을 천천히 쓰다듬으며 말했다.

"장군, 저와 함께 돌아가신다고 약속하셨지요? 지금은 비록 저와 당신이 이렇게 헤어질 수밖에 없지만, 언젠가 저세상에서 꼭 다시 만나겠지요."

그러자 마치 평강의 말을 알아들은 듯이 관이 스르르 움직이기 시작했다. 평강은 온달의 관을 따르면서 그가 만든 산성을 바라보았다. 온달의 말처럼 산성은 매우 아름답고 튼튼해 보였다. 그 산성 위로 막 첫눈이 내리기 시작했다. Ⓗ

풍경과 사람

해상 무역 기지 청해진에서

삼국이 통일된 지도 150여 년이 더 지난 지금, 신라 정치가 말이 아니다. 귀족들이 서로 왕이 되겠다고 나대는 바람에 날이 새면 왕이 휙휙 바뀌는 상황이 벌어지고 있다. 답답한 마음을 달래고자 청해진에 있는 장보고 대사를 찾아 나섰다.

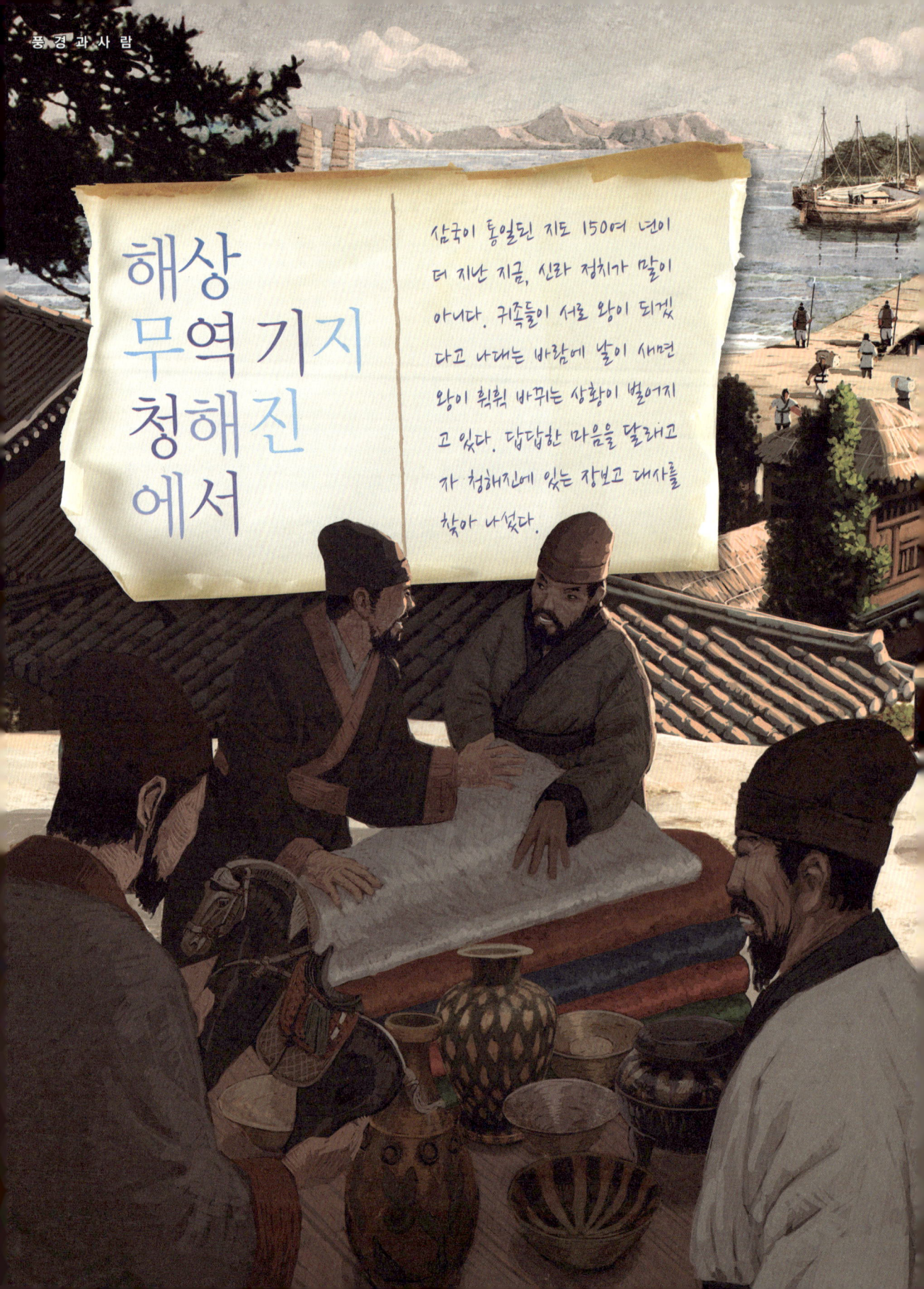

장보고를 만나러 가는 길

장보고는 가난한 섬 소년에서 청운의 꿈을 안고 친구인 정년과 함께 당나라 서주로 건너가 무령군 소장을 지냈다. 그 후 장보고는 벼슬을 미련 없이 버리고, 신라방을 중심으로 장사를 시작했다. 배를 부리는 데 뛰어난 기술을 가진 장보고 선단은 중국 남쪽 지역에서 아랍 상인들과 중개무역을 하면서 큰 이익을 챙겼다. 하지만 고국 신라의 백성들이 굶주리고 있었고, 신라인들이 노예상에게 잡혀가는 일을 보다 못해 고심 끝에 신라로 돌아가기로 결심한다. 그때가 828년이다.

장보고 해상 활동 기록화

당나라에서 돌아온 뒤 장보고는 흥덕왕에게 완도를 거점으로 해적을 소탕하는 기지를 건설하게 해 달라고 요청했다. 흥덕왕은 장보고에게 신라에는 없는 대사라는 직함과 함께 군사 1만 명의 지휘권을 주며 청해진을 설치하도록 했다.

청해, 맑은 바다. 해적 없는 깨끗한 바다를 만들겠다는 장보고의 염원이 깃든 지명이다. 장보고는 완도 일대를 거점으로 청해진을 건설하고 제일 먼저 해적 소탕에 나섰다. 장보고가 청해진을 건설하기 전까지만 해도 신라 서남 해안에는 당나라 해적선이 나타나 신라인을 잡아다 노예로 팔아먹는 일이 빈번했다.

장보고는 청해진을 설치하고 나서 본격적인 해적 소탕에 나섰다. 서남 해안을 지나는 당나라 배들을 수색해 돈을 주고 샀든 강제로 잡혀가든 그 배에 실려 있는 신라인 노예들을 모두 풀어 주었다. 그 덕분에 신라 해안에 똥파리처럼 들끓던 당나라 노예 무역선이 감쪽같이 사라졌다.

해적 소탕을 마친 장보고는 오래전부터 품고 있던 꿈을 실현시켜 나갔다. 그 꿈은 바로 청해진을 국제 무역 기지로 만드는 것이었다. 해적을 소탕하던 청해진 군사들은 무역 역군으로 변신했다. 그들은 평소에는 국제 무역업에 종사하는 상인으로, 유사시엔 창과 칼을 든 군인인 반상반군이었다.

신라를 움직이는 영향력 있는 인물 1위

장보고를 만나기 위해 청해진에 도착했을 때 가장 먼저 기자의 눈에 띈 건 완도 앞 장군섬에 설치된 외적 방어 시설과 배의 정박 시설이었다. 장군섬에는 1킬로미터에 달하는 목책이 둘러쳐져 있었고, 배 수십 척이 정박할 수 있는 접안 시설이 갖춰져 있었다. 이 항구에 돛을 접은 무역선들이 저마다 출항을 기다리고 있었고, 날마다 여러 척의 무역선이 당나라에서 물건을 싣고 와 닻을 내리고 있었다.

항구가 보이는 청해진 무역 센터에서 장 대사를 만났다. 군인 출신답게 훤칠한 키에 여간 다부진 몸매가 아니었다. 장 대사는 나를 보더니 반갑게 맞아 주었다. 나는 장 대사에게 "신라에서 제대로 돌아가는 곳은 청해진밖에 없는 것 같다."라며 인사를 건넸다. 장 대사는 껄껄 웃으며 손사래를 쳤다.

청해진을 거점으로 동아시아 해상 무역을 장악한 장보고는 국제 사회에서도 영향력이 대단했다. 그가 832년에 세운 산동성의 절 적산 법화원은 당나라에 있던 신라인들의 신앙 거점이자 장보고 선단의 근거지가 되었던 곳이다. 당시 중국 안에 신라인들이 모여 살던 곳을 신라방이라 하고, 거기에 세운 절을 신라원이라 했는데, 법화원은 그중에서도 가장 대표적인 신라원이었다.

국내 정치에 휘말린 장보고

장보고는 신라 정치에도 점점 영향력이 커져 가고 있었다. 837년에 그 구체적인 사건이 생겼다. 귀족인 김우징이 왕위 쟁탈전에 밀려 아버지를 잃은 후 장보고에게 몸을 의탁했다. 장보고는 자칫 중앙 귀족들의 정치 싸움에 휘말릴 것이 염려돼 김우징을 받아 주는 것을 꺼렸지만 위급한 처지에 자신을 찾아온 사람을 외면하지 못했다.

1년 뒤 김우징은 아버지를 죽인 김명이란 자가 임금마저 죽게 만들고 민애왕이 되자, 김명을 벌해야 한다며 장보고에게 군사를 내달라고 요청했다. 장보고는 고민 끝에 임금을 죽인 김명을 제거한다는 명분으로 김우징을 돕기로 했다. 김우징은 장보고에게 "왕이 되면 장 대사의 딸을 왕비로 삼겠다."라고 약속했다.

장보고는 정년에게 청해진 군사 5천을 내주며 서라벌로 쳐들어갈 것을 명령했다. 서라벌로 진격한 김우징과 정년은 민애왕을 축출하는 데 성공했고, 김우징은 신무왕이 되었다. 김우징은 왕이 되자마자 장보고에게 높은 벼슬을 내렸다. 하지만 끝내 장보고의 딸을 왕비로 삼지는 못했다. 중앙 귀족들이 미천한 출신의 딸을 왕비로 삼을 수 없다며 반대했기 때문이었다. 신무왕이 갑작스레 죽은 뒤 신무왕의 아들 또한 장보고의 딸을 왕비로 맞으려 했으나 그 또한 귀족들의 반발로 뜻을 이루지 못했다.

서라벌 귀족들에게 장보고는 뜨거운 감자였다. 무시하자니 장보고가 가진 힘이 너무 크고, 받아들이자니 호랑이를 끌어들이는 꼴이 될지도 모르기 때문이다. 하지만 내가 만나 본 장보고는 정작 그러거나 말거나 크게 신경 쓰지 않는 눈치였다. 오히려 중앙 정치보다는 새로운 사업 구상에 더 큰 관심이 있어 보였다.

"강진과 해남에 도자기 생산 단지를 조성할 생각이오. 그렇게 되면 세계적으로 유명한 당나라 도자기를 이제 신라에서도 만들 수 있게 된다오. 도자기 수입국에서 수출국이 되는 날도 멀지 않았소. 허허."

나는 장보고라면 능히 그 일을 해낼 수 있을 것이라 믿었다. 다만 한 가지 우려되는 건 중앙 귀족들이 날로 힘이 커져 가는 장보고를 그대로 내버려 두겠냐는 것이다. 장 대사와 이런저런 얘기를 나누고 난 나는 수십 척의 배들이 수시로 드나드는 포구를 뒤로 한 채 청해진을 떠났다. 부디 장보고의 원대한 꿈이 이뤄지길 바라면서…… Ⓗ

장보고 동상
전라남도 완도군.

해상 무역왕의 좌절된 꿈

장보고를 만나고 서라벌로 돌아온 지 얼마 안 돼 장보고가 옛 부하 염장에 의해 피살됐다는 소식을 들었다(841). 신라 조정의 정통한 소식통에 따르면 힘이 커진 장보고가 혹시 반란을 일으킬지 모른다는 두려움에 떨던 귀족들이 염장을 보내 장보고를 살해했다는 것이다. 장보고가 죽은 뒤 신라 정부는 청해진을 폐쇄시켰다. 그에 따라 동아시아를 주름 잡던 장보고의 해상 무역 활동도 막을 내리고 말았다.

특파원리포트

세계는 지금

삼국 시대를 거쳐 남북국 시대를 살아가는 지금, 세계에서는 어떤 일들이 벌어지고 있을까. 해외에 나가 있는 특파원을 연결해 로마 제국의 몰락과 이슬람교 창시 등 유럽과 아시아 지역에서 벌어지고 있는 따끈따끈한 소식을 생생하게 전달한다.

EMPIRE FALLS
WESTERN ROMAN

DEVELOPE
BYZANTINE EMPIRE

THE RELIGION
ISLAM

HISTORY
ROMAN-EMPIRE, ISLAM

서로마 제국의 멸망과 동로마 제국의 발전 그리고 이슬람교의 탄생

476년 로마 제국이 500여 년 만에 멸망했다. 그리고 395년에 갈라져 나온 동로마 제국은 콘스탄티노플에서 새로운 역사를 써 가고 있다. 한편 아라비아 반도 홍해 연안의 도시 메카에서는 무함마드가 이슬람교를 창시하여 교세를 확장해 가고 있다.

게르만 족의 이동이 몰고 온 파장

앵커 《특종! 달려라 한국사》 독자 여러분 안녕하십니까? 시간을 달리는 이 기자인 제가 오늘은 앵커로 이 자리에 섰습니다. 이번 '세계는 지금' 코너는 특별히 현장에 나가 있는 특파원을 전화로 연결해 지구촌 곳곳에서 벌어지고 있는 특종 사건을 자세히 알아보도록 하겠습니다. 먼저 로마에 나가 있는 광대역 특파원 연결해 보겠습니다. 광대역 특파원!

특파원 네, 따끈따끈한 지구촌 소식을 광속으로 전해 드리는 광대역 특파원입니다. 저는 지금 서로마 제국의 멸망 현장에 나와 있습니다.

앵커 지금 한반도에서는 고구려, 백제, 신라가 치열한 경쟁을 펼치고 있는데, 이탈리아 반도에서는 서로마 제국이 멸망했다고요? 무슨 사연인지 자세히 전해 주시죠.

특파원 네, 게르만 족 출신 용병 대장 오도아케르가 현지 시각 476년 서로마 제국의 마지막 황제 로물루스 아우구스툴루스를 황제 자리에서 쫓아내고 로마 제국의 몰락을 선언했습니다. 이로써 기원전 27년 아우구스투스가 황제에 오른 이후 500여 년간 유럽을 지배했던 서로마 제국이 역사 속으로 사라지게 됐습니다.

앵커 대~박! 정말 놀라운 소식이군요. 로마라면 중국 한나라와 함께 동서양을 지배하던 제국이라고 해도 과언이 아닙니다. 그래서 모든 길은 로마로 통한다, 로마가 지중해를 로마의 호수로 만들었다, 이런 말이 있지 않습니까? 또 역사학자 랑케는 "모든 고대의 역사가 로마의 역사 속으로 들어갔으며, 모든 근대 역사가 로마로부터 흘러나왔다." 이런 말도 했습니다. 그렇게 강력했던 로마 제국이 멸망한 이유가 뭡니까?

특파원 직접적인 원인은 게르만 족의 대이동 때문이라고 할 수 있습니다.

앵커 게르만 족이라면 독일 민족으로 알려져 있는데, 그 사람들이 이동한 것과 서로마 제국이 망한 것과 무슨 연관이 있다는 거죠?

특파원 이탈리아 반도 북부에 게르만 족이 살고 있었는데, 이들이 수 세기에 걸쳐 조금씩 따뜻하고 풍요로운 이탈리아 반도로 진입하기 시작했습니다. 그러다가 375년쯤부터 대이동을 시작해 로마 제국 곳곳에서 게르만 족 왕국을 건설했답니다. 그리고 마침내 게르만 족의 한 갈래인 서고트 족과 동고트 족이 차례로 로마를 침략해 아예 서로마 제국을 멸망시킨 겁니다.

> ### 서로마 제국 멸망 뒤 프랑크 왕국 건설
> 서로마 제국 멸망 뒤 서유럽에 부족 국가에서 발전하여 점차 다른 게르만 부족들을 정복 통합한 프랑크 왕국이 건설된다. 프랑크 왕국은 8~9세기 카롤루스 대제 때 왕년의 서로마 제국 영역을 회복한다. 하지만 그가 죽자 프랑크 왕국은 손자들에 의해 동프랑크, 서 프랑크, 중 프랑크 세 나라로 분열되는데, 오늘날 유럽연합의 중심 국가인 독일, 프랑스, 이탈리아가 그 나라들이다.

훈노족의 이동이 몰고 온 연쇄 이동

앵커 게르만 족이 이탈리아 반도로 밀고 들어와 서로마 제국을 접수했다, 이런 말씀이군요. 그렇다면 게르만 족은 왜 자기네가 살던 발트 해나 흑해 연안 그리고 독일의 울창한 숲 속을 버리고 로마로 밀려온 건가요?

특파원 거기엔 사연이 있는데요. 그러니까 훈 족이 게르만 족이 살던 곳을 침입하는 바람

반달 족의 로마 습격 기록화
반달 족은 로마 제국을 침범한 게르만 족의 한 일파이다.

에 게르만 족도 어쩔 수 없이 로마로 쫓겨 오게 된 겁니다.

앵커 훈 족이라고 하면 영화 〈박물관은 살아 있다〉에서 보니까 무식하고 용감한 유목 민족으로 묘사돼 있던데요. 그들은 또 왜 게르만 족이 살던 땅으로 기어 들어온 겁니까?

특파원 거기에도 피치 못할 사연이 있습니다. 한나라 무제가 몽골 초원에 있던 흉노를 압박하니까 그들도 더 이상 버티지 못하고 서쪽으로 진출하게 된 겁니다. 이들이 훈 족이란 이름으로 중앙아시아를 거쳐 동유럽과 중부 유럽으로 진출하자 그곳에 살고 있던 게르만 족이 로마로 밀고 들어가게 되고, 그것이 결국 서로마 제국의 멸망으로 이어진 것입니다.

앵커 그러니까 한 무제가 흉노를 압박하자 그들이 서쪽으로 살 길을 찾아 나서고, 흉노의 침입을 견디다 못한 게르만 족이 로마로 들어가 서로마 제국을 접수했다, 이 얘기군요.

특파원 맞습니다. 이런 일련의 과정이 수백 년 동안 이어져 온 것인데요. 이후 서로마 제국 땅에는 프랑크 왕국이 건설되고 흉노는 중부 유럽에 남아……,

앵커 광대역 특파원, 그 얘긴 시간 관계상 지면 옆에 팁 정보로 빼고, 다음 소식으로 넘어갈까요?

서유럽 역사를 뒤흔든 훈 족

한때 한나라로부터 조공을 상납 받을 만큼 세력이 강했던 흉노는 한 무제의 압박에 못 이겨 서쪽으로 진출하는 바람에 게르만 족 대이동과 서로마 제국 몰락의 빌미를 제공했다. 유럽에서 이들은 훈 족으로 불렸는데, 444년 훈 족의 왕이 된 아틸라는 무자비한 파괴와 학살로 전 유럽인들에게 공포의 대상이 되었다. 아틸라가 죽은 뒤 세력이 급속도로 약해진 이들은 중부 유럽에 자리를 잡았는데, 헝가리(Hungary)가 훈(Hun) 족의 후손이다.

교황 레오 1세와 아틸라 기록화

동로마 제국의 탄생과 발전

앵커 광대역 특파원, 지금 있는 곳은 어디인가요?

특파원 네, 저는 지금 동로마 제국의 심장인 수도 콘스탄티노플에 나와 있습니다.

앵커 동로마 제국은 제가 못 들어 본 이름이군요. 로마 제국이 언제 동서로 갈라졌지요?

특파원 그러니까 로마 제국은 로마가 해체되기 전인 395년에 이미 서로마와 동로마로 갈라졌습니다. 발단은 324년 로마의 콘스탄티누스 황제가 비잔티움이라는 도시에 제2의 수도를 건설하면서 시작됐습니다. 새 수도가 세워지자 그는 그곳을 자신의 이름을 따서 콘스탄티노플이라 불렀습니다. 그러다가 395년 로마 제국이 서로마와 동로마로 갈라진 것입니다.

앵커 그렇군요. 그래도 왠지 낯선데요. 동로마 제국에 대해 간단히 설명 좀 해 주시죠.

특파원 서로마 제국이 이탈리아, 프랑스, 독일, 영국, 에스파냐 같은 지역을 지배했다면, 동로마는 그리스, 마케도니아, 터키, 이집트, 팔레스타인 등을 영토로 삼고 있습니다. 동로마 제국은 비잔틴 제국이라고도 불리는데, 비잔틴 문화라는 아주 독특한 문화를 발전시켰답니다.

앵커 비잔틴 문화요? 그게 어떤 건지 독자들이 알기 쉽게 설명해 주시죠.

특파원 비잔틴 문화는 고대 그리스·로마 문화의 전통인 헬레니즘 문화를 이어받고 동방 문화를 흡수하여, 5세기 말에서 10세기에 걸쳐 황금시대를 이루었으며, 건축 미술이 특히 뛰어났던 문화를 말합니다.

앵커 헬레니즘은 또 뭔가요?

특파원 헬레니즘은 기원전 334년 알렉산더 대왕의 동방 원정에서부터 기원전 30년 로마의 이집트 병합 때까지 그리스와 오리엔트가 서로 영향을 주고받음으로써 생긴 문명을 말합니다. 너무 깊이 들어가면 어린 독자들이 이해하기 어려우니 이 정도로 설명을 마치겠습니다.

앵커 알겠습니다. 동로마 제국 소식 하나만 더 듣고 다음으로 넘어가죠.

> **동로마 제국 약사**
>
> 395년 시작된 동로마 제국의 역사는 1453년까지 이어진다. 6세기 중엽 유스티니아누스 황제 시절 옛 로마 제국의 영토를 되찾았으나, 이후 세력이 쇠퇴하여 그리스 반도와 소아시아 지역으로 영토가 좁혀진다. 그러다가 1453년 이슬람 왕국인 오스만투르크 제국의 침공을 받고, 1천여 년간 이어져 온 제국의 역사는 마침내 마침표를 찍는다.

콘스탄티노플의 다른 이름

콘스탄티노플은 그리스·로마 시절엔 비잔티움 또는 비잔틴으로, 동로마 제국 시절엔 콘스탄티노플로, 오스만투르크 제국에 멸망당한 이후에는 이스탄불로 불렸다. 콘스탄티노플은 유럽과 아시아가 만나는 접점이자 동서남북 교역로에 위치하고 있어 고대로부터 상공업이 크게 발달했다. 콘스탄티노플에서 파생된 비잔틴 문화는 슬라브 족에 전해져 러시아와 동유럽 문화의 바탕이 되었다.

특파원 6세기 중엽 동로마 제국의 전성기를 이끈 유스티니아누스 황제가 성 소피아 성당을 완공했다는 소식입니다. 수도 콘스탄티노플에 세워진 이 교회는 현존하는 최고의 비잔틴 건축물이자 모자이크, 대리석 기둥, 돔을 통해 그 위대한 예술적 가치를 확인할 수 있습니다. 동로마 제국은 이후 1천 년 넘게 유지돼 오다가…….

앵커 아, 광대역 특파원! 그 이야기는 시간 관계상 지면 옆에 팁 정보로 빼고, 다음 소식으로 넘어갈까요?

무함마드가 창시한 이슬람교, 전 세계로 확장

앵커 여러분은 지금 '세계는 지금' 특별 생방송, 특파원 리포트를 보고 계십니다. 계속해서 현장에 나가 있는 광대역 특파원을 연결해 보겠습니다. 광대역 특파원!

특파원 네, 저는 지금 아리비아 반도에 자리한 상업 도시 메카에 나와 있습니다.

앵커 아니, 언제 로마 제국이 있는 이탈리아 반도에서 그리스·발칸 반도를 지나 지금은 아라비아 반도에 계시는 건가요? 제가 아무리 시간을 달리는 이 기자이지만 광대역 특파원의 엘티이 급 행보에는 반도 못 따라가겠는데요. 그건

성 소피아 성당

그렇고 그곳은 열사의 땅 아라비아 사막인데, 덥지 않나요?

특파원 이 기자의 썰렁한 개그 덕분에 잠시 더위를 잊었습니다. 감사하고요, 저는 무척 뜨거운 소식을 전해 드리기 위해 이곳 메카에 왔습니다.

앵커 뜨거운 소식이란 게 뭡니까?

특파원 이곳 메카에서 제4 종교라 할 수 있는 이슬람교가 창시됐다는 소식입니다.

앵커 지난번 《특종! 달려라 한국사》 1권에서 유교, 불교, 기독교 탄생 소식을 전했는데, 이슬람교는 처음 듣습니다. 이슬람교가 어떤 종교이고, 누가 언제 어디서 창시했는지 소개해 주시죠.

특파원 네, 이슬람교는 610년 아라비아 반도의 상업 도시 메카에서 대상인 출신의 무함마드 씨가 창시한 것으로 알려졌습니다. "유일신인 알라 외에 다른 신은 없으며 무함마드는 알라의 사도다." 이런 가르침이 핵심입니다.

앵커 그렇군요. 현재 이슬람교 소식이 이곳 삼한 땅에까지 전해지진 않았는데요, 무함마드가 어떻게 이슬람교를 창시했는지 조금 더 부연 설명해 주시겠습니까?

특파원 무함마드는 홍해 연안에 자리한 메카에서 유복자(태어나기 전에 아버지를 여읜 자식)로 태어났습니다. 여섯 살 때 어머니마저 세상을 떠나자 큰 아버지 밑에서 자랐는데요, 청년이 되고 나서 부유한 과부의 상단에서 관리인으로 일하는 틈틈이 히라산 동굴에서 명상과 기도를 하던 중 대천사 지브릴(기독교의 가브리엘)한테서 알라의 계시를 받았다고 합니다. 이후 무함마드는 주변에 알라의 말씀을 전하면서 유대교의 예언자인 아브라함과 모세 그리고 예수처럼 예언자가 되었습니다.

앵커 현재 이슬람교의 기세가 만만치 않다고 하는데, 어느 정도입니까?

특파원 632년 무함마드 사후 그의 후계자인

메카로 가는 순례자

칼리프들이 꾸란의 말씀에 따라 열심히 포교에 나선 결과 8세기엔 아시아 대륙의 동쪽 끝인 중국에서부터 유럽의 서쪽 끝인 에스파냐까지 이슬람교가 전해졌고, 이슬람교를 믿는 이슬람 제국도 서아시아와 소아시아로 확대되고 있습니다.

앵커 포교 속도가 정말 놀라운데요. 이슬람교가 전파되면서 세계사에 어떤 영향을 미치게 될지 전망해 주시죠.

특파원 서구의 일부 기독교 세력이 이슬람을 악의 근원으로 보는 경향이 있어서 두 세력 간의 충돌은 앞으로도 계속될 것으로 보입니다. 이런 연장선에서 11세기 말부터 13세기 후반까지 약 200년간 십자군 전쟁이 벌어질 것으로 예상되고요. 앞에서 소개해 드린 비잔틴 제국은 이슬람 제국인 오스만투르크에 멸망당할 것으로 보입니다. 또한 20세기 들어 이스라엘과 이슬람 국가들 간의 중동 전쟁이 발발할 것으로 보이고, 21세기에는 미국과 이슬람 세력의 대립이 격화될 것으로 전망됩니다.

앵커 광대역 특파원, 소식 잘 들었습니다. 시간 관계상 우리가 몰랐던 이슬람 이야기는 지면 옆 팁 정보로 실어 드리면서, 특별 생방송 '세계는 지금' 여기서 마치도록 하겠습니다. 지금까지 청취해 주신 독자 여러분 감사합니다. Ⓗ

상식이 되는 이슬람 상식

이슬람 신의 뜻에 복종한다는 뜻의 아라비아어.
무함마드 마호메트의 아라비아 식 표기.
메카 무함마드가 태어난 곳으로, 이슬람교 제1의 성지.
헤지라 무함마드가 박해를 피해 메디나로 도망친 사건.
라마단 이슬람교 금식 기도 기간.
무슬림 이슬람교를 믿는 사람.
꾸란 알라의 계시를 기록한 이슬람교 경전.
이슬람교도의 신앙 수칙 하루 다섯 번 메카를 향해 기도하며, 일생에 한 번은 꼭 메카를 순례해야 함.

우리가 몰랐던 이슬람과 아라비아

이슬람교를 믿는 아라비아인들이 인류사에 끼친 영향은 참으로 크다. 그중 가장 대표적이라면 아라비아 숫자와 《아라비안나이트》를 들 수 있다. 오늘날 우리 어린이들이 쉽고 재미있게 수학을 배울 수 있게 된 건 1, 2, 3 같은 아라비아 숫자 덕분이다. 또한 아라비아와 페르시아, 이집트, 인도 지역의 설화를 모은 《아라비안나이트》는 아랍 어로 쓰인 인류 최고의 문학 작품으로 평가되고 있다. 천 하루 동안의 이야기라는 뜻에서 《천일야화》로도 불리는 이 작품은 인류사 최고 작가 3인방인 셰익스피어, 괴테, 세르반테스의 작품을 한데 모아 놓은 것보다 더 높은 위상을 차지하고 있다.

문화와 생활

생활 문화의 현장으로!

삼국 시대와 남북국 시대 사람들은 어떤 문화를 즐기며 살았을까. 어떤 그림을 그리고 어떤 노래를 불렀을까. 그들은 또 무얼 먹고 무슨 옷을 입고 살았을까. 삼국 시대와 남북국 시대 사람들의 문화와 생활 속으로.

Publication

Music

Art

고구려와 백제는 신라에 비해 알려진 문학 작품이 적은 편이다. 따라서 백제를 대표하는 문학 작품과 신라에서 인기를 끌고 있는 향가를 중심으로 삼국 시대 문학 세계를 살펴본다.

화제의 책 《왕오천축국전》

신라 승려가 지은 인도 여행기 《왕오천축국전》이 85주째 베스트셀러 1위에 올랐다. 저자는 당나라에서 불교 유학 중인 승려 혜초(704~789)이다. 혜초는 인도 출신 스승의 권유로 인도의 불교 유적지를 순례하고 그 지역의 불교, 생활 풍속, 기후 등을 꼼꼼하게 기록했다. 천축국은 중국에서 인도를 부르는 지명으로, 오천축국이란 인도 북부 지방에 있는 다섯 천축국을 가리킨다.

혜초는 만 4년 동안 석가의 탄생지인 룸비니를 비롯해 최초로 설법을 펼친 바라나시, 석가가 입멸한 쿠시나가라 등을 순례한 이야기를 이 책에 담았다. 그는 불교 성지 인도를 여행하기 위해 눈 덮인 히말라야 산맥과 파미르 고원, 타클라마칸 사막을 지나며 죽을 고생을 한 것으로 알려졌다. 이러한 고난은 책에 실린 그의 시에 고스란히 전해진다. "차디찬 눈은 얼음과 엉기어 붙어 있고/ 찬바람은 땅을 가르도록 매섭다."

불교 여행 전문가들은 "《왕오천축국전》은 마르코 폴로가 지은 《동방견문록》과 모로코 출신의 이븐 바투타가 25년간 아라비아의 메카와 메디나, 이집트, 예루살렘, 바그다드, 인도, 중국 등을 여행하고 쓴 《이븐 바투타 여행기》에 견줄 만한 여행기"라며 "8세기 인도의 풍경을 보여 주는 세계에서 유일무이한 자료적 가치가 있다."라고 말한다.

혜초 지음 / 당나라 출간 / 1908년 프랑스 탐험가 펠리오가 중국 둔황 사원에서 3권 중 한 권 발견.

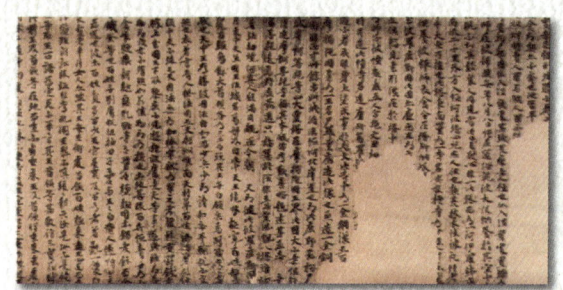

《왕오천축국전》

백제 가요 〈정읍사〉 폭발적 인기

백제 가요 〈정읍사〉가 백제는 물론 향가의 본고장인 신라에서까지 큰 인기를 누리고 있다. 〈정읍사〉의 가사가 백제 정읍에 사는 어느 장사치의 아내가 행상 나간 남편의 무사 귀환을 비는 마음을 잘 표현하고 있는데다 지은이가 누구인지 알려지지 않아 사람들로부터 더욱 큰 주목을 받고 있다.

"달님이시여 높이 높이 돋으시어/ 어기여차 멀리 멀리 비추어 주세요/ 어귀야 어강됴리 아으 다롱디리(후렴구)/ 시장에 가 계신가요/ 어귀야 진 곳을 디딜까 두려워요/ 어귀야 어강됴리/ 어디든 짐 풀고 가만히 계세요/ 어귀야 임 가는 곳 날이 저물까 두려워요."

고대 가요에 정통한 한 음악 평론가는 방방곡곡 열풍을 일으키고 있는 〈정읍사〉에 대해 다음과 같이 극찬했다. "가사가 있는 유일한 백제 가요로서 남편을 기다리는 아내의 애달픈 심정을 잘 표현한 뛰어난 작품입니다."

작자 미상 / 백제 / 조선 시대 《악학궤범》에 수록.

슈퍼스타 신라 선정, 신라 향가 베스트 5

신라 가요 또는 신라 시가로 불리는 신라 팝인 향가가 통일신라 사람들에게 큰 인기를 끌고 있다. 향가는 지은이가 분명하고, 주로 불교 신앙과 화랑을 기리는 마음을 노래하고 있다. 신라 음원 차트에서 꾸준한 인기를 얻고 있는 신라 향가 베스트 5.

1위 〈헌화가〉 견우 노인

"붉은 바위 끝에/ 암소 잡은 손을 놓게 하시고/ 나를 부끄러워하시지 않으신다면/ 꽃을 꺾어 바치오리다."

강릉 태수로 부임하던 순정공이 바닷가 절벽 아래서 점심을 먹고 있을 때, 그의 아내인 수로부인이 벼랑에 피어 있는 꽃을 갖고 싶어 하자, 순정공은 위험하다며 "안 돼요!"라고 했는데, 암소를 끌고 지나가던 오지랖 넓은 노인이 그 꽃을 꺾어 바치며 이 노래를 불렀다고 함. 성덕왕(702~737) 때 작품.

2위 〈모죽지랑가〉 득오

"간 봄 그리워함에 모든 것이 서러워 시름하는데/ 아름다움을 나타내신 얼굴이 주름살을 지으려 하옵내다./ 눈 돌이킬 사이에나마 만나 뵙도록 하리이다./ 랑(郞)이여, 그리운 마음의 가는 길이 다북쑥 우거진 마을에 잘 밤이 있으리이까."

화랑 죽지랑을 따르던 득오는 죽지랑이 죽자 그를 사모하는 마음을 담아 이 노래를 지었다고 한다. 〈찬기파랑가〉와 쌍벽을 이루는 향가. 효소왕(692~702) 때 작품.

3위 〈찬기파랑가〉 충담사

"슬픔을 지우며 나타나 밝게 비친 달이/ 흰 구름을 따라 멀리 떠난 것은 무슨 까닭인가/ 모래가 넓게 펼쳐진 물가에/ 기파랑의 모습이 거기에 있도다/ 깨끗하게 인 냇물의 자갈에/ 랑(郞)이여! 그대의 지니시던 마음의 가운데를 따라가고자 하노라/ 아! 잣나무의 가지가 너무도 높고 사랑스러움은/ 눈조차 내리지 못할 그대의 충렬(忠烈)한 마음과 같구려."

승려 충담사가 화랑 기파랑을 찬양하며 부른 노래. 충담사는 조약돌과 같이 깨끗한 마음과 서리에도 굽히지 않는 잣나무처럼 높은 기상을 지닌 기파랑을 따르고 싶다는 뜻으로 이 노래를 지었다고 함. 경덕왕 24년(765) 때 작품.

4위 〈제망매가〉 월명사

"생사의 길은 여기에 있음에 두려워하고/ 나는 간다는 말도 못 다 이르고 갔는가/ 어느 가을 이른 바람에 여기저기 떨어지는 잎처럼/ 한가지에 나고서도 가는 곳 모르는구나/ 아, 극락세계에서 만나 볼 나는 도 닦으며 기다리련다."

승려 월명사가 죽은 누이(망매)를 제사 지내며 지은 노래. 같은 부모에서 태어난 처지를 "한가지에서 나고서도"라고 표현하는 등 비유와 상징이 뛰어난 작품이라는 평가를 받는다. 경덕왕(742~765) 때 작품.

5위 〈처용가〉 처용

"서울 밝은 달에 밤 깊이 노닐다가/ 들어와 잠자리를 보니/ 가랑이가 넷이도다/ 둘은 나의 것이었고/ 둘은 누구의 것인가/ 본디 내 것이지마는/ 빼앗긴 걸 어찌하리오!"

동해 용왕의 아들이냐 아라비아 상인이냐 논란이 분분한 처용이 어느 날 밤늦게 놀다가 집에 오자 아내가 역신(역병을 옮기는 귀신)과 잠을 자고 있는 것을 발견하고 무척 놀랐지만, 이 노래를 부르자 역신이 잘못을 뉘우치며 달아났다는 전설이 전해 오고 있다. 이후부터 신라 백성들 사이에서 〈처용가〉를 부르며 역신을 쫓는 풍속이 생겨났다고 함. 헌강왕(875~886) 때 작품.

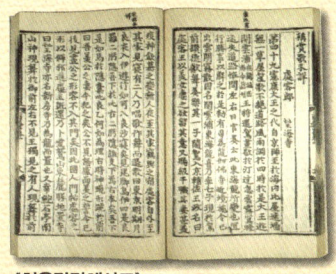

《처용랑망해사조》

음악 & 공연

삼국 경쟁이 치열한 와중에도 악기를 만들고 음악을 연주하는 음악 활동이 활발하다. 삼국이 만들어 사용한 각종 악기와 연주의 명인들 그리고 그들이 한데 어우러져 펼치는 공연 소식을 알아본다.

서라벌 악기점 탐방

삼국에는 대략 세 종류의 악기가 있는데, 관악기, 현악기, 타악기가 바로 그것이다. 좋은 악기를 구비하고 있는 서라벌의 한 악기점을 찾아 신상 악기들의 종류와 기능을 알아봤다.

관악기에는 세 종류가 있다. 모두 피리를 변형해서 만든 것으로 굵기와 길이에 따라 대금, 중금, 소금으로 나뉜다. 피리는 한나라 무제 때 만든 것으로 알려져 있는데, 신라에서 이를 모방해 오늘날의 피리를 만들었다고 한다. 구체적으로 누가 언제 처음 만들었는지는 밝혀지지 않았다.

현악기로는 거문고와 가야금, 비파가 있다. 이 악기들이 신라에서 연주되기 시작한 유래에 대해 서라벌 악기점 주인은 다음과 같이 설명했다. "거문고는 중국의 거문고를 본떠 만든 것이라오. 오현금과 칠현금이 있는데, 고구려 왕산악이 여섯 줄로 변형해서 만든 것도 있다오. 가야금은 가야 가실왕이 중국 악기 쟁을 본떠 만들었다 하여 가야금이라 부르는데, 우륵이 연주하면서 널리 알려졌다오. 비파는 누가 만들었는지 그 시초를 알 수 없으나, 다만 북방 호족들이 말 위에서 타던 악기로 알려져 있지요."

서라벌 악기점에는 신라 악기 말고도 고구려와 백제에서 즐겨 사용하는 악기도 많았다. 악기점 주인은 "고조선 때 여옥이 〈공무도하가〉를 부르며 탔다는 하프를 닮은 공후 그리고 기타를 닮은 네 줄짜리 완함도 잘 나가는 악기다."라고 귀띔해 주었다.

신비한 피리, 만파식적

만 가지 근심을 없애 주는 신비한 피리가 만들어져 화제다. 어제 오후 신라 왕실의 홍보 담당자는 창고에 보관 중인 만파식적을 언론에 전격 공개했다. 만파식적은 만들 때부터 화제를 모았던 피리다.

전설에 따르면 어느 날 동해에 있던 작은 섬이 감은사 쪽으로 떠내려 왔다. 그 섬에는 낮에는 둘이 되고 밤에는 하나가 되는 이상한 대나무 한 그루 자라고 있었다. 그러던 어느 날 섬에서 용이 나타나 신문왕에게 "이 대나무로 피리를 만들어 불면 천하가 화평할 것"이라고 말했다. 신문왕이 용의 말대로 그 대나무로 피리를 만들어 불자, 적군이 물러가고 모든 병이 낫고 가뭄엔 비가 오고 장마엔 비가 그치며 바람이 멎고 파도가 잠잠해졌다. 이를 본 신문왕은 그 피리가 만 가지 근심을 없애 준다는 의미에서 만파식적이라 이름 붙이고, 신라의 보물로 지정했다.

그래서 그런지는 몰라도 삼국 통일이 되고 난 요즘 신라는 아주 태평성대를 누리고 있다. 신라 백성들은 이게 다 만파식적 덕분이라며 너도 나도 만파식적을 모방한 피리를 만들어 부는 바람에 서라벌이 엄청 시끄럽다. 믿거나 말거나.

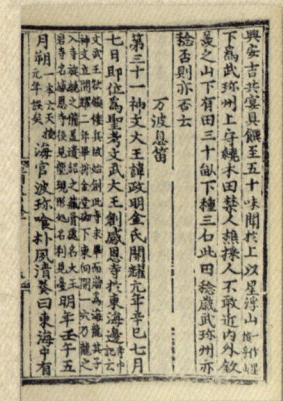

《삼국유사》 만파식적 설화

"한여름 밤의 꿈, 삼국 통일을 꿈꾸며"

삼국 명인들이 펼치는
현악 4중주

신록이 짙어 가는 여름 밤, 삼국의 밤하늘을 화려하게 수놓을 현악 4중주 콘서트에 여러분을 초대합니다. 《특종! 달려라 한국사》가 기획하고 삼국의 왕실이 후원하는 이번 음악회에는 죽었다 깨어나도 도저히 한자리에 모을 수 없는 전설의 솔리스트(독주자)가 총출동해 환상적인 연주를 펼쳐 보입니다.

공연 일시 모년 모월 모일 **공연 장소** 한강 야외무대

연주자 소개
왕산악 제1 거문고, 고구려 | **백결** 제2 거문고, 신라 | **우륵** 가야금, 신라 | **무명인** 비파, 백제

연주 순서
〈방아 타령〉 서곡_백결 작곡   〈정읍사〉_작자 미상
가야금 독주 모음곡 제1번 〈하가라도〉_우륵 작곡   〈헌화가〉 주제에 의한 변주곡_견우 노인
거문고와 가야금을 위한 이중주 〈추석곡〉_옥보고 작곡 현악 4중주 〈찬기파랑가〉_충담사 작곡

티켓 문의 앞뒤가 똑같은 전화 번호 1533-1533
*연주 곡명은 《특종! 달려 한국사》 편집실에서 사실을 토대로 살짝 변형해 만든 것이며, 연주 순서는 주최 측 사정에 따라 바뀔 수 있습니다.

아무리 삼국이 치고받고 싸워도 역사는 흐르고 문화도 흐른다.
문화 예술의 핵심은 회화. 고분 벽화로 대표되는 고구려 미술 세계를 알아보고,
국내와 해외에서 활발하게 활동하는 화가를 찾아 그의 작품 세계와 작품을 만나 본다.

고구려 회화의 결정체, 고분 벽화

고구려는 종이나 비단 대신 주로 무덤 벽면이나 천장에 그림을 그렸다. 고구려 사람들은 왜 무덤에 벽화를 그렸고, 또 무엇을 그렸을까? 고구려 회화의 결정체, 고분 벽화 속으로!

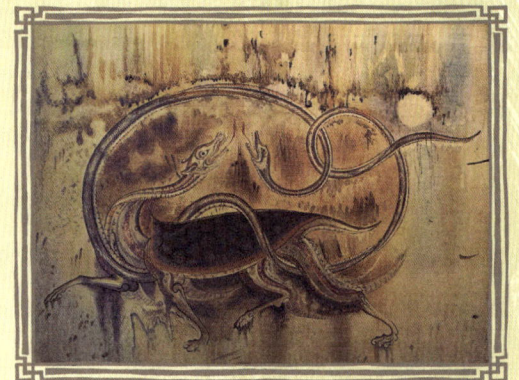

〈사신도〉

고구려 회화를 대표하는 고분 벽화의 세계를 알아보기 위해 고분 벽화 작업이 한창 진행 중인 평양 근교의 한 무덤 공사 현장을 찾았다. 기자가 현장에 도착했을 때, 돌로 만든 무덤 안에서 고분 벽화 전문 화공들이 불을 밝혀 놓고 벽화 제작에 열중하고 있었다.

고구려 사람들은 왜 무덤에 그림을 그리는지 고분 벽화 제작을 총감독하는 30년 경력의 베테랑 화공을 만나 몇 가지 궁금한 것을 물어봤다.

Q 신라에도 천마총 같은 무덤 안에 하늘을 나는 천마 그림이 있긴 한데요. 그래도 고분 벽화 하면 고구려가 아닐까 생각합니다. 고구려 사람들은 왜 고분 벽화를 그리는 건가요?
A 우리는 지금 이 세상이 죽어서도 이어진다고 보고 있다오. 그래서 몸은 비록 죽어 무덤에 묻히지만, 사후 세계에서도 영화를 똑같이 누리라고 이런저런 그림을 그려 넣는 것이라오.

Q 여기 있는 고분 벽화에는 사신도라는 전설의 동물들이 그려져 있는데요. 죽은 다음에 날개 달린 뱀이며 호랑이, 용 같은 무시무시한 애들이랑 같이 놀라는 말씀인가요?
A 허허. 그건 아니고 사신도는 고분 벽화의 소재 가운데 하나일 뿐이라오. 고분 벽화를 그리기 시작한 몇 세기 전에는 주로 고구려 사람들의 생활 풍속을 많이 그렸다오. 그러다가 6세기가 되자 한 차원 높은 사상을 벽화에 그려 넣기 시작했다오. 불교가 전해진 뒤로는 불교를 상징하는 연꽃을, 도교가 전해진 뒤로는 이렇게 사신도를 그려 넣었다오.

Q 그렇군요. 그럼 고분 벽화는 지금 보는 것처럼 돌로 된 무덤 벽면을 쪼아서 그 위에 바로 색칠을 하나요?
A 다 그런 건 아니라오. 여기 강서대묘 사신도는 화강암 벽면에 바로 채색을 하는 방식으로 작업을 하고 있지만, 다른 많은 고분에서는 주로 돌 벽면에 그림을 그릴 수 있게 석회를 바르고 밑그림을 그린 다음 채색을 하지요.

Q 무덤 안이어서 습기가 많을 텐데 오래도록 보존이 될까요?
A 그러니 나 같은 전문 기술자가 있는 거 아니겠소. 무덤 안의 습기를 다 계산해서 1천 년, 아니 2천 년이 지나도 끄떡없게 작업을 하고 있으니, 그때 가서 다시 확인해 보시구려. 허허.

고구려에는 옛 수도인 압록강 유역과 현재 수도인 평양 그리고 황해도와 평안남도 등에 약 80여 기의 고분 벽화가 있다고 한다. 기자가 벽화가 그려져 있는 고분을 몇 군데 더 둘러본 결과 예술성이 뛰어난 다양한 고구려 풍속이 생생하게 그려져 있었다. 기자는 고분 벽화를 둘러보면서 훗날 고구려 생활상을 알려 줄 가장 풍성한 역사 자료가 될 것이란 생각이 들었다.

화제의 화가를 찾아서

솔거의 〈노송도〉와 담징의 〈금당벽화〉

국내와 해외에서 활발하게 작품 활동을 펼치고 있는 화가를 찾아간다. 신라의 화신으로 불리는 솔거와 일본에서 활동 중인 승려 출신의 화가 담징이 바로 그 주인공이다.

황룡사에 〈노송도〉 그린 솔거

황룡사 법당 벽면에 그려진 그림 한 점이 신라 사람들 사이에 뜨거운 관심을 끌고 있다. 그 이름은 〈노송도〉, 다시 말해 늙은 소나무 그림이라는 뜻이다. 그림 속 늙은 소나무는 나무 몸통이 비늘처럼 우둘투둘하고, 가지와 잎이 얼기설기 굽어 있는 게 그림인지 진짜 소나무인지 보는 이를 헷갈리게 한다. 그래서 까마귀, 제비, 참새 같은 새들이 진짜 소나무인 줄 알고 날아들었다가 벽에 부딪혀 떨어지곤 한다.

작품의 주인공은 신라의 화신으로 일컬어지는 솔거. 우리 역사 최초로 〈단군 초상〉을 그린 화가다. 솔거는 새들이 날아와 벽에 부딪혀 떨어지는 모습을 보고 "실제처럼 그렸다는 칭찬을 듣는 기쁨보다 새들이 부딪혀 죽는 모습 때문에 마음이 아프다."라고 안타까워했다.

하지만 이제 솔거의 안타까움도 사라지게 됐다. 세월이 흘러 그림의 빛깔이 우중충해지자 이 절의 승려가 단청으로 개칠을 했더니, 더 이상 새들이 날아오지 않는다고 한다. 그림이 죽어 새를 살렸으니 이 소식을 솔거가 듣는다면 어떤 기분일까.

일본 호류사에 〈금당벽화〉 그린 담징

고구려 출신의 승려 화가가 일본에서 한류 스타 대열에 합류했다. 그 장본인은 바로 담징이다. 그는 일본 나라현에 있는 호류사라는 절의 금당에 석가, 아미타, 미륵, 약사 등을 소재로 한 벽화를 그렸는데, 그 〈금당벽화〉가 뛰어난 작품성을 인정받고 있다.

담징이 일본에 가서 벽화를 그리게 된 건 쇼토쿠 태자의 초빙 때문이었다. 쇼토쿠 태자가 일본에 불교문화를 꽃피우기 위해 고구려, 백제, 신라의 예술인과 건축가들을 마구 영입할 때 담징도 610년경 일본으로 건너갔다.

호류사에서 만난 한 일본인 승려는 "담징이 그린 〈금당벽화〉는 신라의 석굴암과 중국의 윈강 석굴과 함께 동양의 3대 미술품에 꼽힌다."라며 "쇼토쿠 태자가 꽃피운 일본의 불교문화를 아스카 문화라고 하는데, 담징이 그린 〈금당벽화〉는 아스카 문화를 대표하는 가장 중요한 문화 예술품 가운데 하나"라고 말했다.

〈금당벽화〉

삼국의 조각과 건축 예술이 절정에 달했다. 이는 삼국이 불교를 최고의 종교와 사상으로 받아들이면서 불법을 예술로 승화시키기 위해 노력한 결과다. 삼국의 예술을 대표하는 조각품 전시회와 베스트 탑을 소개한다.

삼국 삼색 금속 공예 전시회

삼국의 조각 예술 세계를 경험해 볼 수 있는 금속 공예 전시회가 열리고 있다. 이번 전시회에 소개된 고구려, 백제, 신라 삼국의 조각품 중 가장 많은 관람객들의 발길을 불러 모으고 있는 세 작품이 있다. 고구려의 연가칠년명금동여래입상과 백제의 금동대향로 그리고 신라의 금관이 그 주인공들이다. 세 조각품 모두 금을 재료로 만든 작품이지만 예술적 특징은 나라 특색만큼 다르다.

《연가칠년명금동여래입상》

고구려, 높이 16.2센티미터, 작자 연대 미상

이 작품은 고구려 어느 절에서 1,000개를 만들어 고구려를 비롯해 백제와 신라에까지 고구려 불교를 전파하기 위해 제작한 여래입상이다. 긴 이름의 뜻은 (고구려 어느 시대의 연호로 추정되는) 연가 7년에 금동으로 만든 서 있는 여래상으로 풀이할 수 있다.

이 작품은 여래입상의 단단한 체구와 어깨 골격 그리고 옆으로 힘차게 뻗어난 새 깃 모양의 옷자락과 세찬 파도처럼 물결치는 옷 주름에서 강인한 고구려인의 기상이 느껴진다. 또한 코에 악센트를 주면서 눈과 입 주위로 소박한 미소를 잘 표현하고 있다. 신라 땅인 경남 의령군 하촌리에서 발견된 걸로 보아 고구려와 신라의 밀접한 문화 교류를 보여 주는 유물이다.

《백제금동대향로》

백제, 높이 64센티미터, 무게 약 11.8킬로그램, 작자 연대 미상

백제금동대향로는 백제 조각 예술의 최고 경지를 보여 준다. 향을 피우는 향로로 만들어진 이 작품의 구성은 크게 몸통과 뚜껑 두 분분으로 나뉜다. 생명의 근원인 수중 세계를 상징하는 용과 불교 사상을 나타내는 연꽃이 몸통을 이루고, 산과 새가 있는 윗부분이 뚜껑이다. 몸통과 뚜껑에 장식된 연꽃과 큰 산 장식은 각각 불교와 도교 사상을 축축하고 있는 상징물로서, 백제인의 종교와 사상을 엿볼 수 있게 해 준다.

《금관총 금관》

신라, 높이 44.4센티미터, 무게 약 1킬로그램, 작자 미상, 5~6세기 추정

신라는 금의 나라답게 여러 개의 금관을 만들었다. 전 세계 금관 13개 가운데 9개가 한국에서 출토됐는데, 이 중 6개가 신라 금관이다. 나머지 3개는 가야 금관이다. 이번에 선보인 금관총 금관은 전체적으로 신라인이 신성시하는 나무 모양을 하고 있는데, 전면에 出(출) 자 모양의 장식에 양 옆에 사슴 뿔 모양의 가지를 단 것이 특징이다. 그리고 그 가지마다 나무 열매를 상징하는 옥을 달았다. 신라 금관은 금판이 1밀리미터 정도로 얇은 데다 무게가 1킬로그램 정도여서 평소 왕이 쓰고 다니긴 부적합하며 대관식이나 장례 같은 특별 행사에 쓴 것으로 알려졌다.

삼국 시대 베스트 탑

삼국은 발달한 불교문화의 영향으로 많은 절이 건축되고 그 절마다 탑이 들어섰다. 따라서 탑을 이해하는 것은 삼국의 불교문화를 이해하는 데 필수 요소다. 죽기 전에 꼭 봐야 할 삼국의 베스트 석탑을 찾아 역사 여행을 떠나 보자.

백제 석탑의 원조, 미륵사 석탑

석탑 기행의 첫 여행지인 익산 미륵사로 발길을 내딛었다. 백제에서 가장 큰 절로 알려진 이곳엔 미륵사 석탑이 있다. 미륵사 석탑은 부처를 모신 금당 좌우에 나란히 자리를 잡고 서 있는데, 두 석탑 가운데 여러분이 미륵사지 석탑으로 알고 있는 탑이 바로 서쪽 탑이다. 삼한에서 가장 규모가 크고 오래된 석탑으로 알려진 미륵사 석탑은 마치 목탑을 빼어 닮은 듯 정교해 보였다. 이 석탑 이후 삼국은 목조탑에서 석탑으로 건축 흐름이 바뀌었다고 한다.

이렇게 큰 미륵사 석탑을 보고 있자니 문득 이 절을 창건할 것을 지시했다는 신라 선화 공주의 모습이 떠올랐다. 나는 선화 공주와 백제 무왕의 전설을 생각하며 미륵사 경내를 천천히 한 바퀴 둘러보고는 발걸음을 돌렸다.

미륵사지 석탑의 오해와 진실

미륵사지 석탑이 7층인지 9층인지는 아무도 모른다. 이 탑은 일제 강점기 때 6층까지 복원돼 전해 오다가 또다시 복원을 위해 전격 해체된 상태다. 《삼국유사》에 나오는 선화 공주가 창건했다는 기록은 사실이 아닐 수도 있다. 해체 과정에서 발견된 기록에 따르면 미륵사는 무왕의 또 다른 왕후인 사택적덕의 딸이 시주해서 창건한 것으로 기록돼 있기 때문이다. 미륵사지 석탑은 2016년에 6층으로 완공될 예정이다.

소박한 멋의 석가탑

삼국 탑 기행 마지막 목적지는 불국사 석가탑이다. 불국사는 김대성이 현생의 부모를 위해 지은 것으로 알려진 절이다. 김대성의 손길이 배어 있는 불국사에 석가탑이 자리하고 있었다. 3층으로 이뤄진 석가탑은 옆에 서 있는 다보탑과 대조를 이룬다. 다보탑이 보물이 많은 탑이라는 이름에 걸맞게 화려한 장식과 외양을 하고 있는 반면, 석가탑은 기단부나 탑에 별다른 장식이 없어 소박해 보인다.

이 석가탑엔 슬픈 전설이 전해진다. 백제 석공 아사달이 아사녀를 아내로 삼은 지 얼마 안 돼 불국사에서 석탑을 만들기 위해 신라로 떠난다. 3년 후에 돌아오겠다고 떠난 남편한테 아무 소식이 없자, 아사녀는 아사달을 찾아 서라벌로 간다. 그곳에서 그녀는 절 문지기한테서 탑이 완성돼 영지라는 연못가에 탑의 그림자가 비칠 때까진 아사달을 만날 수 없다는 소릴 듣는다. 하지만 끝내 아사달을 만나지 못한 아사녀는 영지라는 연못에 몸을 던진다. 탑이 완성되고 난 뒤에야 그 소식을 들은 아사달도 아사녀를 따라 영지 연못에 몸을 던진다. 그 후 사람들은 탑의 그림자가 비치지 않는다 하여 석가탑을 무영탑이라 불렀다.

패 션

최신유행 패션

계급 차이가 뚜렷한 삼국 시대는 옷 빛깔만 척 봐도 어떤 신분의 사람인지 알 수 있다. 신분에 따라 색깔과 재질이 달랐던 신라 관리들의 복장과 고구려와 백제 귀족 청년의 개성 넘치는 스타일을 따라가 본다.

복두(관모의 하나) 어떤 천이든 사용 가능. 단, 모직이나 수를 놓은 비단 나직(가볍고 부드러우며 성기게 짠 비단)은 사용할 수 없다.

겉옷 자색, 수를 놓지 않은 비단.

바지 비단.

신발 가죽.

진골 귀족

6두품
관모 거친 비단.
겉옷 푸른색, 베.
바지 면.

관모 성긴 나직.
겉옷 붉은색, 면.
바지 비단.

4두품
관모 얇은 비단.
겉옷 누런색, 베.
신발 가죽.
바지 베.

5두품

신라 관리들의 새 복장 발표

6세기 법흥왕은 관리의 의복 색깔을 계급에 따라 규정했고, 김춘추는 당나라에 가서 중국식 복식 제도를 수입해 신라에 당나라 식 관복 제도를 정착시켰다. 9세기 흥덕왕은 관리 등급에 따라 어떤 색은 되고 안 되는지, 또 어떤 재질의 옷을 입어서는 안 되는지를 꼼꼼하게 규정했다. 진골 귀족에서 4두품까지 새롭게 지정된 신라 관리들의 관복 스타일을 소개한다.

고구려 스타일, 새 깃을 단 조우관을 쓰고 **고구려와 같은 듯 다른 느낌의 백제 스타일**

조우관 고깔 모양의 절풍에 화려한 새 깃을 꽂으면 끝. 절풍은 주인공이 사인급 관리라는 걸 말해 주는 신분 보증 수표. 재질은 자색 비단.

관모 신분이 관리임을 나타내는 모자. 머리를 보호하고 미적 감각을 살리며 신분을 표시하기 위해 쓴다.

고구려 버버리 코트, 웃옷 소매가 넓고 길이가 긴 것이 특징. 비단.

허리띠 관직 높이에 따라 자색, 검정색, 적색, 푸른색, 누런색, 흰색 순으로 허리띠를 맨다. 가죽 제품.

허리띠 흑색 가죽으로 포인트를 줄 수 있는 아이템.

포 추위를 막고 예의를 지킬 때 입는 두루마기 스타일의 웃옷. 소매가 넓고 무릎까지 내려오게 입는 게 특징.

바지 통이 넓어 여유가 느껴지는 프리 스타일. 비단.

바지 통 넓은 프리 스타일. 댓님을 매지 않는 게 특징.

신발 누런색 가죽으로 만든 신발을 신으면 패션 완성.

신발 검정색, 가죽 제품.

개성 넘치는 고구려와 백제의 젊은 귀족 스타일

고구려와 백제의 옷 스타일은 대체적으로 비슷하다. 특징은 신라에 비해 다소 자유롭고 화려하다는 것. 두 나라에서는 신라가 엄격히 제한하는 임금님 표 자색도 사용 가능하다. 두 나라의 옷은 비슷해 보이지만 자세히 들여다보면 미묘한 차이가 있다. 그 미묘한 차이를 발견하는 것이 패션 감상의 작은 즐거움이다. 활을 메고 사냥에 다녀오는 고구려 귀족 청년과 중국 양나라에 사신으로 갔다가 방금 돌아온 백제 청년을 길거리에서 캐스팅했다.

음식 Food

삼국 시대 들어 음식의 종류와 조리 방법이 다양해졌다. 새롭게 개발된 조리 도구와 음식 혁명을 몰고 온 간장까지, 새로운 삼국 시대의 음식 문화를 소개한다.

신상 조리 도구, 무쇠 솥과 튼튼 토기

요리 혁명을 몰고 온 조리 도구가 화제다. 그 주인공은 밥을 지어 먹는 무쇠 솥과 돌솥 그리고 물이 새지 않는 튼튼 토기. 삼국 시대 이전인 청동기 시대까지만 해도 밥은 주로 토기 시루에 쪄 먹었다. 물을 끓일 만큼 내구성이 강한 솥이 없었기 때문이다. 하지만 이제 아무리 불을 때도 터지지 않는 무쇠 재질의 솥과 돌로 만든 솥이 개발돼 쌀을 안쳐 밥을 할 수 있게 됐다. 튼튼 토기는 음식 혁명을 가져온 효자 상품. 약 1,000도에서 구워 낸 토기 덕분에 물기를 머금은 재료를 오랫동안 보관해야 하는 발효 식품의 폭발적 증가를 가져왔고, 토기에 간장을 담가 그 간장으로 응용해 먹을 수 있는 다양한 음식이 개발됐다.

조미료의 새로운 발견, 간장

이 세상에 간장 없으면 무슨 맛으로. 잘 살아도 간장, 못 살아도 간장, 간장이 최고야! 요즘 삼국 주부들 사이에서 이런 노래가 대유행이다. 순무도 절여 먹고, 돼지고기와 노루고기 장조림도 해 먹고, 간장 쓰임새를 보면 정말 간장 없을 때 어떻게들 살았나 싶을 정도다.

조미료의 혁명으로 불리는 간장. 이토록 소중한 간장을 만들 수 있었던 건 많은 양의 물을 몇 년이고 담아 둘 수 있는 튼튼한 토기가 개발된 덕분이다. 콩과 소금과 튼튼 토기가 만나 삼국인의 밥상을 바꿔 놓은 간장이 탄생한 것이다. 몇십 년째 간장 만들기에 전념해 온 고구려 출신의 간장 달인이 간장 맛있게 달이는 비법을 특별 공개한다.

★ 간장 맛있게 달이는 법

 ❶ 국내산 햇콩을 푹 삶아 예쁘게 메주를 만든다.

 ❷ 메주를 부뚜막 근처에 매달아 잘 발효시킨다.

 ❸ 곰팡이가 잘 피어난 메주를 튼튼 토기에 넣고 소금물을 붓는다.

 ❹ 그 상태로 1년 동안 푹 묵히면 소금보다 몇 배 짠까만 간장 완성.

새 시대 새 음식, 고구려 불고기 '맥적'

새롭게 개발된 간장 덕에 맛있는 고구려 식 불고기, 맥적이 탄생했다. 맥적은 북방의 맥족이 구워 먹는 고기란 뜻이다. 놀라운 감칠맛 덕분에 고구려에서 선풍적인 인기를 끌고 있는 맥적은 만드는 방법이 의외로 간단하다. 1백 년 넘게 집안 대대로 맥적을 만들어 온 맥적 제조의 달인으로부터 맥적 맛있게 만드는 법, 그리고 맛있게 먹는 법을 들어 봤다.

"맥적은 멧돼지나 노루, 사슴 고기를 통째로 간장독에 담가 두었다가 꺼내서 마늘 등으로 양념을 한 뒤, 숯불에 올려놓고 통째로 구워 먹는 음식입니다. 오랫동안 간장에 담가 놓은 덕분에 고기에 간이 잘 배어 고기 맛이 아주 좋은데, 고기를 구울 때 너무 덜 익히지도 말고 너무 많이 익히지도 않아야 더 맛있는 맥적을 맛볼 수 있습니다."

맥적의 맛을 좌우하는 건 역시 간장이다. 간장이 맛있어야 맥적 맛도 좋다. 간장에 절여 숯불에 구워 먹는 맥적은 양념 갈비나 불고기의 시초 음식으로 음식사에 기록될 전망이다.

'먹방'의 진수를 보여 준 태종 무열왕 부자

맥적과 함께 '식탁 위의 한국사'에 당당히 이름을 남길 먹방(21세기 은어로 TV나 영화에서 음식을 닥치는 대로 게걸스럽게 먹는 사람) 부자가 탄생했다. 그 주인공은 바로 태종 무열왕 김춘추와 그의 서자인 거득공이다.

신라 왕실의 음식 재료 납품 자료를 단독 입수해 분석한 결과 무열왕은 하루 쌀 3말, 수꿩 9마리를 마구 먹어 치우는 것으로 밝혀졌다. 놀라운 건 백제를 멸망시킨 이후 쌀이 6말로 늘고, 꿩은 10마리로 늘었다는 사실이다. 게다가 술 6말이 매일 상에 오른다고 하니, 그저 놀라울 따름이다.

또한 무열왕의 서자인 거득공은 귀한 손님이 찾아오면 무려 50가지 반찬을 상에 올렸다고 한다. 그 실화가 거득공이 지방 순시 중 무진주(광주)의 호족인 안길이 자기를 후하게 대접해 준 데 대한 보답으로 안길이 서라벌에 왔을 때 50가지 반찬으로 대접했다고 한다.

이 같은 태종 무열왕 부자의 먹방 행각은 삼국 시대 들어 간장이 개발되고, 젓갈과 식해 등 발효 음식이 탄생하면서 식탁이 놀라울 정도로 풍성해진 사례를 보여 주는 해프닝으로 이해해야 할 것 같다.

퀴즈로 푸는 한국사. 재미있게 문제도 풀고, 한국사도 정복하는 일석이조 역사 퀴즈!

1 삼국의 전성기를 이끈 왕과 나라가 잘못 연결된 것은?

① 4세기 근초고왕–백제
② 5세기 광개토대왕–고구려
③ 5세기 장수왕–신라
④ 6세기 진흥왕–신라

2 백제 근초고왕이 일본 왕에게 하사한 것으로 가지가 일곱인 칼의 이름은?

① 사지도 ② 팔지도 ③ 칠지도 ④ 일지도

3 648년 신라의 김춘추와 당나라 태종이 맺은 동맹으로, 두 나라가 연합 작전을 펼쳐 백제와 고구려를 무너뜨리기로 합의한 동맹은?

① 나제 동맹 ② 나당 동맹
③ 나일 동맹 ④ 나선 동맹

4 계백이 백제의 5천 결사대를 이끌고 김유신의 신라군을 맞아 싸우다 끝내 전사한 전투는?

① 평양성 전투 ② 매소성 전투
③ 기벌포 전투 ④ 황산벌 전투

5 신라가 삼국을 통일하는데 크게 이바지한 조직으로, 평소 명산을 순례하며 심신을 닦다가 전쟁이 일어나면 전쟁에 나가 싸우기도 했던 신라의 청소년 수련 단체는?

① 보이 스카우트 ② 십자군 ③ 알카에다 ④ 화랑

6 신라 최초의 여왕인 선덕여왕과 관련이 없는 것은?

① 을밀대 ② 첨성대
③ 황룡사 9층 목탑 ④ 분황사

7 신라 진흥왕 대에 활약한 장군이자 정치가로 한강 유역과 가야, 울릉도 정복에서 환상적인 호흡을 선보인 두 사람은?

① 거칠부와 김유신 ② 거칠부와 김춘추
③ 이사부와 거칠부 ④ 이사부와 김유신

8 당나라로 유학 가던 중 무너진 무덤에서 잠을 잔 뒤 모든 것이 마음에 달렸다는 일체유심조를 깨닫고 신라로 돌아와 불교 대중화에 앞장선 신라 승려는?

① 의상 ② 원효 ③ 자장 ④ 현장

9 고구려 을지문덕이 퇴각하던 30만 수나라 병사들을 기습해 몰살시킨 전투는?

① 귀주대첩 ② 한산대첩
③ 행주대첩 ④ 살수대첩

10 장보고가 신라로 돌아와 해적을 소탕하기 위해 완도에 설치한 군사 무역 복합 기지는?

① 노량진 ② 청해진 ③ 초지진 ④ 류현진

11 신라로 귀순한 가야 출신의 가야금 연주자는?

① 왕산악 ② 옥보고 ③ 백결 ④ 우륵

12 삼국을 대표하는 예술품이 잘못 연결된 것은?

① 고분 벽화–고구려 ② 반구대 암각화–고구려
③ 금동대향로–백제 ④ 석굴암–신라

편집 후기

삼국 시대 슈퍼스타는 누구?

삼국 시대를 빛낸 최고의 스타를 꼽으라면 누굴 꼽고 싶니? 정복 군주 광개토대왕, 국민 바보에서 고구려 스타가 된 온달, 살수대첩의 명장 을지문덕, 대당 전쟁을 승리로 이끈 연개소문, 백제 전성기를 이끈 근초고왕, 결사 항전한 백제 장수 계백, 삼국 통일의 일등 공신 김유신, 지혜의 여왕 선덕여왕, 외교의 달인 김춘추, 임전무퇴 관창, 해상왕 장보고, 신라 천재 최치원, 소나무 화가 솔거, 가난한 거문고 달인 백결 선생……. 쟁쟁한 인물이 정말 많구나. 두고두고 천천히 생각해 보길 바랄게. 나는 누굴 꼽았냐고? 음, 나는 원효 대사를 꼽겠어. 일체의 걸림이 없는 사람은 단박에 생사를 벗어난다며, 자유! 하고 외쳤던 스님.

삼국 시대 최고 특종은?

삼국 시대와 남북국 시대를 열심히 달리다 보니까 어느새 편집 후기 쓸 시간이 되었네. 너희들은 삼국 시대 최고 특종 사건이 뭐라고 생각하니? 나는 신라의 삼국 통일이라고 생각해. 신라가 통일을 하는 바람에 그 넓은 고구려 땅을 잃었네 마네 말들도 많지만 통일 덕분에 수백 년 동안 삼국 백성들을 고통 속에 빠뜨렸던 전쟁이 사라지고 우리 민족이 하나의 공동체에서 하나의 문화를 일구며 살게 됐으니까 말이야. 21세기 지구촌 특종 사건이 될 남북의 평화 통일은 언제쯤 이뤄질까?

후삼국 시대가 온다

2권에서는 언급을 안 했는데 9세기, 즉 800년대로 넘어오면서 신라는 여러 가지 문제를 드러내기 시작해. 왕은 무능하고, 귀족들은 서로 왕위 쟁탈전을 벌이고, 지방 호족들은 세력을 키우면서 자기 살 궁리를 하고, 귀족들의 수탈을 견디다 못한 민중들은 낫과 호미를 들고 봉기하고. 한마디로 난세지. 이때 세상을 구하겠다며 깃발을 든 사람이 있어. 견훤과 궁예가 그 주인공들이야. 3권은 이들이 펼치는 후삼국 통일 전쟁 이야기부터 시작할 거야. 1천 년 왕국 신라가 어떻게 무너지고 어떻게 고려가 들어서는지 3권을 기대해 줘~.

삼국 시대는 살아 있다

삼국 시대 이야기가 1천 년도 더 넘은 이야기란 생각이 들겠지만 실은 그때 발생한 문제가 오늘날까지도 이웃 나라와의 관계에 영향을 미치고 있어. 가령, 중국은 고구려와 발해가 자기네 변방에 있던 나라라고 해서 고구려와 발해가 중국 역사라고 우겨. 일본도 마찬가지야. 근거도 없는 임나일본부설을 들먹이며 삼국 시대 때 일본이 한반도 남부를 식민지로 삼고 지배했다는 이야기를 하고 있어. 이 문제는 독도 문제만큼 심각한 문제야. 그러니 정신 바짝 차리고 역사를 공부해야겠지?

호국 정신이 깃든 신라 문무왕 해중릉

사진과 그림 제공 및 출처

22-23 **칠지도**(이소노가미신궁 소장)
24-25 **광개토대왕공적기념호우**(국립중앙박물관)
26-27 **광개토대왕비**(《조선고적도보》)
30-31 **아차산 보루 모형**(이성준) / **공성전 벽화**(사계절출판사)
34-35 **백제 사신**(중국역사박물관) / **무령왕릉**(연합뉴스)
38-39 **북한산 진흥왕순수비**(출처 미상)
64-65 **당태종 이세민**(위키미디어 공용)
70-71 **고란사 삼천 궁녀 벽화**(북앤포토)
76-77 **연개소문**(유로크레온)
82-83 **매소성 전투 현장**(북앤포토)
96-97 **쌍용총 귀족 부부도 벽화**(사계절출판사)
98-99 **대안리 1호분 벽화**(사계절출판사)
100-101 **안악 3호분 벽화**(사계절출판사)
102-103 **이차돈 순교비**(국립경주박물관)
104-105 **임신서기석**(국립경주박물관)
110-111 **황룡사 9층 목탑 복원 모형**(연합뉴스) / **황룡사 터**(북앤포토)
120-121 **신라촌락문서**(정창원)
126-127 **석굴암**(북앤포토) / **분황사 석탑**(북앤포토) / **첨성대**(북앤포토)
128-129 **상경성 터**(《육정산과 발해진》)
130-131 **동모산**(북앤포토) / **견고려사 목간**(정창원)
132-133 **정효 공주 무덤 벽화**(출처 미상) / **마구도**(위키미디어 공용)
134-135 **발해의 영광탑**(Liuzhan)
136-137 **울릉도 전경**(유로크레온)
138-139 **마운령순수비**(연합뉴스)
142-143 **선덕여왕릉**(북앤포토)
144-145 **의상과 헤어지는 원효**(한정환)
146-147 **바위로 변신한 선묘 낭자**(한정환)
148-149 **최치원 기념관**(국제신문)
150-151 **상서장**(북앤포토) / **동백섬 전경**(연합뉴스)
160-161 **장보고 민족기록화**(전쟁기념관)
162-163 **장보고 동상**(연합뉴스)
164-165 **반달족 로마 습격 기록화**(유로크레온)
166-167 **교황 레오1세와 아틸라**(위키미디어 공용)
168-169 **성 소피아 성당**(유로크레온)
　　　　 메카로 가는 순례자(위키미디어 공용)
172-173 **《왕오천축국전》**(파리국립도서관)
　　　　 《처용랑망해사조》(한국학중앙연구원)
174-175 **만파식적 설화**(한국학중앙연구원)
176-177 **사신도**(출처 미상) / **금당벽화**(한국학중앙연구원)
178-179 **연가7년명금동여래입상**(국립중앙박물관)
　　　　 금동대향로(국립부여박물관) / **금관총 금관**(국립중앙박물관),
　　　　 미륵사 석탑(북앤포토) / **석가탑**(북앤포토)
186-187 **대왕암 해중릉**(유로크레온)

- 이 책에 쓴 사진은 해당 사진을 보유하고 있는 단체와 저작권자의 허락을 받아 게재한 것입니다. 사진을 제공해 주셔서 고맙습니다.
- 저작권자를 찾지 못하여 게재 허락을 받지 못한 사진은 저작권자를 확인하는 대로 게재 허락을 받고, 통상 기준에 따라 사용료를 지불하겠습니다.

그림을 그린 **이상규** 선생님은 만화가로 일하다가 지금은 어린이 책에
그림을 그리고 있습니다. 그동안 《돌도끼에서 우리별 3호까지》 《얘들아, 역사로 가자》
《원시와 첨단이 공존하는 나라 브라질 이야기》 같은 책에 그림을 그렸습니다.

그림을 그린 **조재석** 선생님은 대학에서 시각디자인을 공부하였습니다. 디자이너로 일하다가
지금은 어린이 책에 그림을 그리고 있습니다. 그동안 《백성을 역사의 주인으로 세운 혁명가 전봉준》
《아홉 살 인생 멘토》 같은 책에 그림을 그렸습니다.

만화를 그린 **김소희** 선생님은 대학에서 시각디자인을 공부하였습니다.
지금은 어린이 책에 만화 작업과 그림을 그리고 있습니다. 그동안 《희원이의 7000원》
《붓과 총을 든 여전사 의병장 윤희순》 《완두콩》 같은 책에 그림을 그렸습니다.

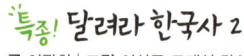
달려라 한국사 2
글 이광희 | **그림** 이상규 조재석 김소희

초판 1쇄 펴낸날 2014년 8월 14일 | **초판 3쇄 펴낸날** 2015년 6월 17일
펴낸이 정구철 | **기획이사** 최만영 | **편집장** 한해숙 | **기획·편집** 최현정, 윤경란
기획편집 네사람 | **디자인** 디자인아이 | **사진진행** 이성준
마케팅 박영준 | **영업관리** 김효순 | **제작** 김용학, 김성수 | **펴낸곳** (주)한솔수북 등록 제2013-000276호
주소 서울시 마포구 월드컵로 96 영훈빌딩 5층 | **전화** 02-2001-5823(편집), 02-2001-5828(영업) | **전송** 02-2001-0108
전자우편 isoobook@eduhansol.co.kr | **북카페** cafe.naver.com/soobook | **페이스북** www.facebook.com/isoobook
ISBN 979-11-85494-56-2 74910 | ISBN 979-11-951400-2-2 74910(세트)

ⓒ 2014 이광희·네사람
※ 저작권법으로 보호받는 저작물이므로 저작권자의 서면 동의 없이 다른 곳에 옮겨 싣거나 베껴 쓸 수 없으며 전산장치에 저장할 수 없습니다.
※ 이 도서의 국립중앙도서관 출판예정도서목록(CIP)은 서지정보유통지원시스템 홈페이지(http://seoji.nl.go.kr)와 국가자료공동목록시스템
 (http://www.nl.go.kr/kolisnet)에서 이용하실 수 있습니다.(CIP제어번호: CIP2014021008)
※ 값은 뒤표지에 있습니다.

 한솔수북의 모든 책은 아이의 눈, 엄마의 마음으로 만듭니다.